शुद्ध जीवन जीने के मंत्र

आपके संसार को बेहतर रूप में बदलने के लिए एक अनूठा दृष्टिकोण

यह एक उल्लेखनीय पुस्तक है और मेरे अनुसार यह प्रत्येक के लिए सहायक होगी। मूल्यों का बहुत ही स्पष्ट अन्वेषण किया गया है, जो जीवन के लिए एक शानदार रूपरेखा प्रस्तुत कर सकते हैं। यह एक व्यावहारिक पुस्तक है, जिसमें इस विषय से जुड़े अनेक सुझाव दिए गए हैं कि व्यक्ति अपने आप को, अपने जीवन को तथा अपने जीवन को दूसरों के साथ किस रूप में देख सकता है। आध्यात्मिक जिज्ञासुओं के लिए पुस्तक विशेष रूप से पठनीय है; परंतु इसके साथ ही ऐसे व्यक्तियों के लिए भी कम पठनीय नहीं, जो स्वयं को आध्यात्मिकता से परे रखना चाहते हैं। मैं आपको पूरे हृदय के साथ यह पुस्तक पढ़ने के लिए प्रोत्साहित करना चाहता हूँ और मेरा मानना है कि यह आपके कार्य तथा निजी जीवन के प्रत्येक पक्ष में एक महत्त्वपूर्ण परिवर्तन लाने में सफल होगी।

***—ग्राहम एलेक्जेंडर, एलेक्जेंडर कॉरपोरेशन के संस्थापक,
सुपर कोचिंग व टेल्स फ्रॉम टॉप के लेखक***

यह पुस्तक आध्यात्मिक व व्यक्तिगत विकास के लिए श्रेष्ठ साधन है। यह 12 श्रेष्ठ मूल्य प्रस्तुत करती है, जो परिवर्तन लाने में सहायक होंगे। यह पढ़ने में बेहद सरल है और इसमें मनन के लिए उपयोगी बिंदु भी दिए गए हैं। एक आध्यात्मिक प्रशिक्षक होने के नाते मुझे यह पुस्तक बहुत अच्छी लगी और यह हमें पूरी गरिमा के साथ स्मरण दिलाती है कि 'समय आ गया है!'

***—कैरोलीन शोला अरेवा, ओपनिंग टू स्पिरिट के लेखक,
व्यक्तित्व विकास प्रशिक्षण, वक्ता***

पिछले दशक में मानवता को केवल यही सबक दिया गया कि भौतिक पदार्थ ही सच्ची क्षमता के परिचायक हैं। उदार पूँजीवाद के वर्तमान संकट ने इस आत्मविश्वास से भरे उपाय की पोल खोल दी है और अब यह विचारोत्तेजक पुस्तक हमें सच्चे मूल्यों के पुन: अन्वेषण के पथ की ओर ले जाना चाहती है। वे सच्चे मूल्य, जो 'होमो सैपियंस' का मार्गदर्शन करते हैं। हम चतुर भले ही हों, परंतु विवेकवान् नहीं हैं। इस पुस्तक में दिए गए मूल्य और अभ्यास हमारी आत्माओं को सार्वजनिक कल्याण के सच्चे मूल की ओर वापस लाते हैं; हमारे सच्चे स्व तथा मानवता को मान देते हुए।

***—प्रो. पीटर गिल्बर्ट, स्टेफोर्डशायर विश्वविद्यालय में समाजसेवा तथा
आध्यात्मिकता नामक विषय पर सेवानिवृत्त प्रोफेसर***

एक बार फिर आध्यात्मिक विवेक तथा ब्रह्माकुमारी की शिक्षाओं की स्पष्टता पृष्ठों पर जीवंत हो गई है। तेजी से भाग रहे संसार के बीच यह मार्गदर्शिका मूल्यों के केंद्र के प्रति एक गहन व सार्थक अन्वेषण प्रस्तुत करती है। इन अभ्यासों का पालन करना सरल है और पुस्तक में मूल्य व अर्थ भी समाहित हैं। हम जिस संसार में जी रहे हैं, ब्रह्माकुमारियों का कार्य इसे रूपांतरित कर रहा है।

—जैकी होल्डर, लेखक, प्रशिक्षक तथा सहज ज्ञान प्रशिक्षक

'लिविंग अवर वैल्यूज' वास्तव में इस युग के लिए एक उपयोगी तथा अनिवार्य पुस्तक है। यह मानवता के सामने आ रहे मसलों को पहचानते हुए बहुत ही सार्थक रूप से प्रकट करती है और निस्संदेह, उस प्रमुख आध्यात्मिक जीवन से भी संकोच नहीं करती, जिसका हम भी एक अंश हैं। संभवत: केवल यही एक उपाय है, जिसके बल पर हम अपने मूल्यों को पुन: पहचान सकते हैं—कुछ ऐसा, जिसे पूँजीवादी तथा साम्यवादी खो चुके हैं। यह पुस्तक भौतिकता व आध्यात्मिकता को बहुत ही खूबसूरती के साथ संतुलित करती है। ब्रह्माकुमारी तथा दादी जानकी निश्चित रूप से हमें जीवन का पथ दिखा सकती हैं।

***—'सर जॉन विटमोर', परफॉरमेंस कंसल्टेंट इंटरनेशनल के निदेशक तथा
'कोचिंग फॉर परफॉरमेंस' के लेखक***

मैंने सदैव ब्रह्माकुमारियों की सेवा-भावना को सराहा है और इस बात की कद्र करता हूँ कि वे पूरे ग्रह पर उन सभी व्यक्तियों को नि:शुल्क आध्यात्मिक ज्ञान प्रदान कर रही हैं, जिन्हें इसकी बहुत आवश्यकता है। यह पुस्तक उनके द्वारा चेतना के प्रचार तथा प्रेम के प्रसार की दिशा में एक और उपयोगी व व्यावहारिक योगदान है।

***—निक विलियम्स, आठ पुस्तकों के लेखक, जिनमें 'द वर्क वी वर बॉर्न टू डू'
भी शामिल है तथा 'इंस्पायर्ड एंटरप्रीन्योर' के सह-संस्थापक***

शुद्ध जीवन जीने के मंत्र

ब्रह्माकुमारी

प्रकाशक

प्रभात प्रकाशन प्रा. लि.

4/19 आसफ अली रोड, नई दिल्ली–110002

फोन : 011–23289777 • हेल्पलाइन नं. : 7827007777

इ–मेल : prabhatbooks@gmail.com ❖ वेब ठिकाना : www.prabhatbooks.com

संस्करण

2025

अनुवाद

रचना भोला 'यामिनी'

पेपरबैक मूल्य

चार सौ रुपए

मुद्रक

श्री साई प्रिंटर्स, साहिबाबाद

SHUDDHA JEEVAN JEENE KE MANTRA
by **Brahma Kumaris**

Published by **PRABHAT PRAKASHAN PVT. LTD.**
4/19 Asaf Ali Road, New Delhi-110002
under licence from BK Publications, UK
Global Co-operation House, 65 Pound Lane, London NW10 2HH, UK
ISBN 978-93-5186-785-2

₹400.00 (PB)

हमारे वैश्विक परिवार तथा प्रत्येक के लिए,
जो इस संसार को एक बेहतर स्थान बनाना चाहते हैं।
जान लें कि आप अपने जीवन के सर्जक और
अपनी ही कहानी के नायक हैं।
यह आपके लिए है।
इसमें वह सब है, जिसे आपने याद रखने के लिए चुना था।
अब यह आपके लिए प्रस्तुत किया जा रहा है।

'ट्रैवलर : द सेवन कीज ऑफ एनलाइटमेंट, बारबरा बोसर्ट'

आभार

यह पुस्तक अनेक वर्षों से अनेक व्यक्तियों द्वारा किए जा रहे प्रयत्नों व प्रयासों का सुफल है। उनके योगदान के बिना यह कभी पूर्ण न हो पाती।

यह ब्रह्मा कुमारियों द्वारा सिखाए गए राजयोग ध्यान की शिक्षाओं, अंतर्दृष्टि तथा छात्रों व अध्यापकों के शोध पर आधारित है।

इसके लिए हम ब्रह्माकुमारियों के संस्थापक ब्रह्मा बाबा के दर्शन तथा वचनबद्धता के आभारी हैं, जिन्होंने वर्ष 1930 में भारत में संस्था की स्थापना की प्रेरणा पाई। उनकी शिक्षाओं, प्रज्ञा तथा उदाहरण की शक्ति से ही यह पुस्तक अनुप्राणित है।

ठीक इसी प्रकार, उन सभी उल्लेखनीय महिलाओं को भी यह पुस्तक समर्पित है, जो 300 व्यक्तियों के एक समुदाय को एक विश्व व्यापी आध्यात्मिक विश्वविद्यालय का रूप दे चुकी हैं, जिसमें 10 लाख से भी अधिक छात्राएँ हैं। उन्होंने बहुत ही स्नेह व समर्पण भाव से संस्था का नेतृत्व व पोषण किया है। हम विशेष रूप से स्वर्गीय दादी प्रकाशमणि के स्नेही प्रशासन, दादी गुलजार की मूक प्रज्ञा व प्रेरणा तथा संगठन की वर्तमान प्रधान दादी जानकी के दृढ संकल्प एवं शक्तिशाली प्रज्ञा के प्रति आभार प्रकट करते हैं।

बहन जयंती कृपलानी, बहन मोहिनी पंजाबी के सहयोग व परिकल्पना तथा गायत्री नारायणे व एंथोनी स्ट्रानो द्वारा किए गए शोधकार्य के प्रति भी आभार प्रकट करना चाहते हैं, जिन्होंने पुस्तक के पहले संस्करण को तैयार करने के लिए अपनी ओर से समय व सहयोग प्रदान किया, जिसे सन् 1995 में संयुक्त राष्ट्र की पचासवीं वर्षगाँठ के अवसर पर प्रस्तुत किया गया था।

इसके अतिरिक्त मानवाधिकारों के समर्थक तथा ब्रह्माकुमारियों के पुराने मित्र

स्वर्गीय लॉर्ड डेविड एनल्स को भी धन्यवाद देना होगा, जिन्होंने सदैव शांति के लिए अपनी वचनबद्धता को बनाए रखा; माइक जॉर्ज, केन ओ डोनेल, डायनी टिल्मैन, रिबेका ऑरटीगा तथा वैलेरियन बर्नार्ड ने कार्यशालाओं का आयोजन किया; मागरिट बैरन ने ध्यान पर परिशिष्ट प्रस्तुत किया; कैरल गिल ने पुस्तक के पहले संस्करण का संपादन किया और जॉन मैककोनल ने इस संस्करण का संपादन किया। वे सभी धन्यवाद के पात्र हैं।

भूमिका

दादी जानकी

हम संसार के इतिहास में सर्वाधिक रोचक व चुनौतीपूर्ण समय में जी रहे हैं। सबकुछ कितनी तेजी से बदलता जा रहा है। सामाजिक, राजनीतिक, आर्थिक व पर्यावरणीय तंत्र टूट रहे हैं और हमारे सामने प्रतिदिन युद्ध, संघर्ष तथा प्राकृतिक आपदा से जुड़े अनेक दृश्य आ रहे हैं। इन सभी प्रश्नों, अस्त-व्यस्तता तथा भ्रम के बीच आशा की एक किरण भी उपस्थित है; क्योंकि मनुष्य की आत्मा इन सब बातों को समझते हुए उनका अर्थ जानने के प्रयास में है।

अब चारों ओर इस बात को मान्यता दी जाने लगी है कि हमें अपनी जीवन-शैली में बदलाव लाना होगा—यह भौतिकवाद, यह अपने सभी रूपों (विज्ञान सहित) में हमें हर प्रकार के समाधान नहीं दे सकता। परंतु हम कर भी क्या सकते हैं? इसका उत्तर भी हम सबके पास ही है।

हमें अपनी चेतना में आमूल-चूल परिवर्तन लाते हुए आंतरिक-आध्यात्मिक मूल्यों की ओर लौटना होगा।

आध्यात्मिक मूल्यों से रहित जीवन कुछ ऐसा ही है, मानो हम कोई अनाथ बालक हों; हम स्वयं को असुरक्षित, प्रेम से रहित तथा अवांछित मान बैठते हैं। मूल्य हमारे 'माता-पिता' हैं। मनुष्य की आत्मा इसके द्वारा पोषित मूल्यों से सिंचित होती है। जब हम अपने मूल्यों के अनुसार जीते हैं तो इससे एक सुरक्षा व सहजता का भाव उपस्थित होता है।

मूल्य अमूल्य रत्नों के समान हैं। प्रत्येक व्यक्ति की आत्मा के भीतर छिपे मूल्य किसी अनमोल खजाने से कम नहीं हैं। वे हमें प्रसन्न, सेहतमंद और धनी बनाते हैं।

मूल्यों से भरपूर जीवन स्वाभिमान और मर्यादा से परिपूर्ण होता है। आत्मा ईश्वर के और निकट आती है तथा जीवन बहुत ही यथार्थ व सार्थक हो उठता है।

मूल्य हमें स्वतंत्रता और आजादी देते हैं, आत्मनिर्भर बनने की क्षमता प्रदान करते हुए बाहरी प्रभावों से मुक्त करते हैं। आत्मा के भीतर सत्य को जानने तथा सत्य के पथ का अनुसरण करने की योग्यता विकसित होती है।

मूल्यों से सुरक्षा प्राप्त होती है और जो भी इसका अनुभव करता है, वह इस सुरक्षा को दूसरों के साथ भी बाँट सकता है।

मूल्यों से प्राप्त सशक्तीकरण के कारण हमारे लिए अपनी कमियों और दोषों से मुक्त होने में मदद मिलती है। जब व्यक्ति की अंतर्जात अच्छाई मूल्यों पर केंद्रित होती है तो ईश्वर से उसका संबंध सशक्त व स्पष्ट हो जाता है। हम अपने विचारों, शब्दों तथा कर्मों के माध्यम से दूसरों को अपनी सेवाएँ अर्पित कर पाते हैं। मूल्यों से समृद्ध आत्मा सीमित इच्छाओं के जाल में नहीं उलझती और अस्थिरता के बीच भी स्थिरता बनाए रखती है।

मूल्य आपके हृदय के बंद द्वार खोल देते हैं और मनुष्य की प्रकृति को रूपांतरित कर देते हैं, ताकि यह जीवन करुणा एवं विनय से ओत-प्रोत हो जाए।

जब हम अपने भीतर मूल्यों को विकसित कर लेते हैं तो अपने आसपास के संसारों में भी उन मूल्यों की महक फैला देते हैं, ताकि सभी एक बेहतर जगत् की ओर आगे बढ़ सकें।

प्रिय पाठको! मैं आपको विशेष रूप से आमंत्रित करती हूँ कि आप उन सभी चुनौतियों का समाधान बनने के लिए आगे आएँ, जिन्हें हम सभी झेल रहे हैं।

आप अपने ही आंतरिक मूल्यों के साथ एक शक्तिशाली प्रयोग करते हुए भाग लेना आरंभ कर सकते हैं।

इस प्रयोग के तीन चरण हैं—

1. अपने भीतर जाते हुए शांति, प्रेम, ईमानदारी या ऐसे ही किसी प्राकृतिक मूल्य की चेतना को अपनी आत्मा के भीतर जाग्रत् करें, जो आपको आकर्षित करते हों। प्रतिदिन कुछ मिनट तक इसका अभ्यास करें। इसे आप सुबह-शाम या कभी भी और कहीं भी कर सकते हैं। यह प्रार्थना, ध्यान, मनन या आपके अपने आध्यात्मिक अभ्यास के रूप में भी हो सकता है।

2. यह लक्ष्य करें कि आपके भीतर से क्या संदेश आ रहा है और आपके आसपास प्रकट हो रहा है। प्रतिदिन एक डायरी में अपने अनुभव लिखें।
3. सप्ताह में एक बार अपने दैनिक अभ्यास तथा निरीक्षणों के प्रसंग सबके साथ बाँटें। आपको अपनी सजगता, रवैए, दर्शन व कर्म में आ रहे बदलाव को भी देखना होगा।

उस परम पिता को स्मरण करते हुए सस्नेह।

—बी.के. जानकी

पुस्तक परिचय

यह पुस्तक आपको उन आंतरिक मूल्यों के अन्वेषण पर ले जाती है, जो हमारे निजी रवैयों, दृष्टिकोणों तथा व्यवहारों को प्रभावित करते हैं। आप चाहें तो पूरी गहनता व ईमानदारी के साथ अपने भीतर की यह यात्रा कर सकते हैं। प्रत्येक मूल्य को एक सर्चलाइट की तरह काम में लाते हुए अपने भीतर छिपे तत्त्व को बाहर लाया जा सकता है। इस प्रयास से आप और भी सार्थक अंतर्दृष्टि प्राप्त करेंगे और अपने जीवन के उच्चतम उद्देश्य का अनुभव कर सकेंगे।

इस तरह आपको अपनी असीम संभावना एवं क्षमता को जानने व पहचानने का अवसर मिलेगा, जो न केवल आपके संदर्भ में होगा, बल्कि आपके कार्य तथा आपके आवासीय समुदाय व कार्य-स्थल से भी संबंधित होगा।

मानवीय मर्यादा ही आत्म-क्षमता की आंतरिक अवस्था का बाहरी प्रकटीकरण हैं। जो भी व्यक्ति सही मायनों में अपने भीतर छिपी क्षमता व मोल की कद्र करता है और दूसरों के मोल को भी सम्मान देता है, वह जानता है कि यह क्षमता या मोल कहीं बाहर से नहीं जुटाया जाता। यह एक ऐसे स्रोत से प्राप्त होता है, जो सार्वभौमिक व शाश्वत है। यह पुस्तक आपको उस स्रोत को स्पर्श करने का एक अवसर प्रदान करेगी, जो आपको आपकी अपनी तथा अन्य व्यक्तियों की सच्ची प्रकृति की गहनता की ओर मार्गदर्शन प्रदान करेगी।

निस्संदेह 'आत्म' शब्द पर बहुत विचार हुआ है और यह चर्चा का विषय भी रहा है; परंतु यह अपने सार रूप में प्रत्येक मनुष्य की मर्यादा तथा गरिमा है और इसे हम मनुष्य के जीवन की दिव्य प्रकृति या पवित्रता भी कह सकते हैं।

इस पुस्तक का उद्देश्य यही है कि अन्वेषण, शिक्षण तथा घटित होने के अनुभवों के माध्यम से वैयक्तिक व सामूहिक रूप से हमें हमारे दिव्य मूल तक जाने में सहायक हो सके।

ऐसी प्रक्रिया में आध्यात्मिक व नैतिक शिक्षा का सच्चा अर्थ व उद्देश्य समाहित होता है, जो किसी पर कोई विशेष आदर्श या मूल्य थोपना नहीं चाहता, परंतु प्रत्येक व्यक्ति के भीतर छिपी श्रेष्ठता को बाहर लाने का प्रयत्न करता है।

मूल्य हमारे जीवन के मौलिक प्रेरक स्रोत हैं। ये दो प्रकार के होते हैं—अंतर्जात मूल्य (आत्मा के सच्चे व मूल मूल्य) तथा प्राप्त किए गए मूल्य (ऐसे मूल्य, जिन्हें उस समाज की संस्कृति के आधार पर अपनाते हैं, जिनके बीच हम रह रहे हैं)।

वर्तमान में, बहुत से लोग इनसे विशेष रूप से प्रभावित हैं और अपनी सच्ची क्षमता को प्राप्त किए गए भौतिक मूल्यों जैसे—सामाजिक पद, आर्थिक क्षमता, बाहरी छवि तथा निजी स्वामित्व आदि से परिभाषित करते हैं। हमारे अंतर्जात सच्ची क्षमता के स्रोत की यह मिथ्या प्रस्तुति ही संग्रह, स्वामित्व, स्वार्थ व लोभ की संस्कृति रचती है और यही संघर्ष, शोषण, निर्धनता तथा वैश्विक तनाव का मूल कारण है।

मूल्यों के अनुक्रम की एक विस्तृत मान्यता है, जो निचले भौतिक मूल्यों से उच्चतम आध्यात्मिक मूल्यों तक जाती है; जैसे—शांति, प्रेम, स्नेह, निस्स्वार्थ भाव तथा उदारता। ऐसे उच्च स्तरीय मूल्य सार्वजनीन हैं। ये मानवता की समृद्ध सांस्कृतिक विविधता, दार्शनिकता तथा सामाजिक धरोहर की असाधारणता से भी परे हैं। ये एक सामान्य पृष्ठभूमि रचते हैं, जिस पर अपने साथ तथा विभिन्न समुदायों व देशों के बीच मधुर संबंधों की नींव रखी जा सकती है।

इस पुस्तक में बारह उच्चतम मूल्यों का वर्णन किया गया है—सहयोग, स्वतंत्रता, प्रसन्नता, ईमानदारी, विनय, प्रेम, शांति, सम्मान, उत्तरदायित्व, सादगी, धैर्य व एकता। ये मूल्य अपनी समग्रता के साथ पूरी मानवता के कल्याण की नींव रखते हैं तथा सकारात्मक बदलाव को प्रेरित करते हैं। जब हममें से सभी इन आंतरिक मूल्यों से संपर्क साधकर एक बेहतर व्यक्ति बन जाएँगे तो यह संसार स्वचालित रूप से एक बेहतर स्थान बन जाएगा।

इस पुस्तक को कैसे प्रयोग में लाएँ

'लिविंग अवर वैल्यूज' पुस्तक में तीन प्रमुख भाग हैं। ये सभी आपस में मिलकर एक बेहतर संसार की रचना के लिए प्रक्रिया प्रस्तुत करते हैं, जिसे संक्षेप में निम्नलिखित रूप में दरशाया जा सकता है—

जब हम अपने आंतरिक मूल्यों को पहचानकर उनसे संपर्क साधते हुए, उन्हें

सराहेंगे और शुद्ध व शक्तिशाली विचारों तथा प्रवृत्तियों के साथ निरंतर अपने दैनिक जीवन में उतारेंगे तो बेहतरी के लिए बदलाव सामने आने लगेंगे।

अभ्यास वास्तव में हमें संपूर्ण बनाता है और हम अपने तथा दूसरों के जीवन की गुणवत्ता में सुधार ला सकते हैं। साहस, विश्वास तथा संकल्प के बल पर प्रेम अंततः भय पर विजय पाएगा, सकारात्मकता नकारात्मकता पर हावी होगी और बुराई पर अच्छाई की जीत होगी।

भाग-1 : मूल्यों का अन्वेषण

सभी बारह मूल्यों की व्याख्या अवधारणात्मक तथा व्यावहारिक रूप से की गई है। हो सकता है कि पाठक एक ही बार में इन सभी मूल्यों की संक्षिप्त व्याख्या पाना चाहें और बाद में उन्हें प्रेरक पठन के रूप में पढ़ें। मूल्यों की ये व्याख्याएँ बहुत ही गहन हैं। एक बिंदु, वाक्य या अनुच्छेद पर मनन, बोध तथा इसके महत्त्व को समझने के लिए समय व प्रयास का निवेश करना होगा।

भाग-2 : भाग-2 इस विषय में विचार करें—व्यक्तिगंत परिवर्तन व रूपांतरण के साधन।

यह भाग व्यक्तिगत रूप से केंद्रित होते हुए, मूल्यों की व्याख्याओं से जुड़ी कुछ अवधारणाओं पर कार्य करते हुए आध्यात्मिक क्षमता के निर्माण तथा निरंतर सकारात्मक बदलाव के लिए कुछ माध्यम तथा साधन उपलब्ध करवाता है, जिनमें निम्नलिखित शामिल हैं—

- मानवीय आचरण के सार्वजनीन नियमों के साथ विचारों, शब्दों तथा कर्मों को एक ही पक्ष में कैसे लाया जाए।
- कर्मों के परिणामों से किस प्रकार बचना असंभव है।
- व्यक्ति अपने विचारों, कर्मों तथा शब्दों के माध्यम से शुद्धता कैसे ला सकते हैं।
- विचारों पर स्वामित्व कैसे पाया जाए तथा व्यर्थ विचारों के ढाँचों को कैसे बदला जाए।
- दूसरों के लिए सद्‌भाव तथा विशुद्ध भावनाएँ कैसे प्रेरित की जाएँ।

भाग-3 इसे संभव कर दिखाएँ—सामूहिक परिवर्तन के लिए मूल्यों पर आधारित कार्यशाला व गतिविधियाँ।

इस भाग में सामूहिक सत्र आयोजित किए गए हैं, जिनके माध्यम से भागीदार

अपने घर, कार्यक्षेत्र, स्कूल, समुदाय तथा संसार में अपने मूल्यों के साथ जीने का अभ्यास करते हैं। इन गतिविधियों में संवाद, कार्यक्रम, रचनात्मक सामूहिक सत्र तथा अन्य शक्ति पर आधारित पहल शामिल की गई हैं।

पृष्ठभूमि तथा संदर्भ

यह पुस्तक सन् 1995 में मौलिक रूप से 'लिविंग वैल्यूज—ए गाइड बुक' नामक शीर्षक से संयुक्त राष्ट्र की पचासवीं वर्षगाँठ के अवसर पर प्रकाशित की गई थी। यह 'शेयरिंग अवर वैल्यूज फॉर ए बेटर वर्ल्ड' (एस.वी.बी.डब्ल्यू.) नामक अंतरराष्ट्रीय पहल का एक हिस्सा थी, जिसका संयोजन व रचना ब्रह्माकुमारियों द्वारा की गई थी। (ब्रह्माकुमारियों के विषय में अधिक जानकारी पाने के लिए परिशिष्ट तीन देखें या उनकी वेबसाइट www.bkwsu.org पर जाएँ।)

एस.वी.बी.डब्ल्यू. परियोजना के उद्देश्य निम्नलिखित थे—

1. व्यक्ति की राजनीतिक, आर्थिक, सांस्कृतिक, व्यावसायिक या सजातीय पृष्ठभूमि को न देखते हुए उसके भीतर आध्यात्मिक विशेषताओं के रूप में बसे उच्च स्तरीय मूल्यों के अस्तित्व के प्रति जागरूकता उत्पन्न करना।
2. व्यक्तियों के लिए एक योग्य और सुरक्षित वातावरण उत्पन्न करना, ताकि इन मूल्यों को व्यक्तिगत व सामूहिक रूप से अन्वेषण करते हुए प्रकट किया जा सके।
3. आत्म-विकास और स्व-प्रबंधन के लिए उपाय व विधियाँ तथा ग्रुप डाइनेमिक्स प्रस्तुत करना, जिनके द्वारा व्यक्ति के भीतर छिपे आध्यात्मिक मूल्यों को पुनः जीवित करते हुए सशक्त बनाया जा सके।
4. व्यक्तिगत व सामूहिक रूप से आत्म-विकास के मूल्य की सजगता में वृद्धि, ताकि जीवन की बेहतर गुणवत्ता के लिए योगदान दिया जा सके।

परियोजना बहुत सफल रही और अपने आप सफलता के सोपानों पर अग्रसर होती चली गई। इसने पूरे संसार पर अपना प्रभाव छोड़ा, जिसके परिणामस्वरूप शिक्षा व स्वास्थ्य की देख-रेख के क्षेत्र में विशेष रूप से लिविंग वैल्यूज के लिए पहल सामने आई।

यह परियोजना ब्रह्माकुमारियों द्वारा अपनाई गई एक और पहल 'ग्लोबल को-ऑपरेशन फॉर ए बेटर वर्ल्ड' का परिणाम थी, जिसमें बहुत से देशों के लोगों को चुनौती दी गई थी कि वे एक बेहतर संसार के लिए अपना दर्शन तैयार करें। उन परिणामों का विश्लेषण किया गया और परियोजना के नेता इस नतीजे पर पहुँचे

कि मनुष्य प्रत्येक स्थान पर अपने लिए जीवन में एक सी वस्तुएँ ही चाहते हैं। वे एक बेहतर संसार चाहते हैं, जिसमें निम्नलिखित शामिल हो—

- सभी लोग जीवन के उत्सव का आनंद ले सकें।
- मानवाधिकारों का सम्मान हो और लोगों की मर्यादा, गरिमा व अखंडता सुनिश्चित हो सके।
- लोग इस तरह जी सकें कि एक विशुद्ध व सुंदर परिवेश की रचना हो, ताकि प्रकृति का पर्यावरणीय संतुलन कायम रहे।
- ग्रह के प्राकृतिक व प्रचुर साधनों को समान रूप से वितरित किया जाए तथा सभी मनुष्यों की बुनियादी माँगों की पूर्ति हो।
- सभी व्यक्तियों को एक ऐसी शैक्षिक प्रक्रिया के साथ अपनी संभावना को सामने लाने के समान अवसर प्राप्त हों, जिनके मूल में मानवीय, नैतिक व आध्यात्मिक मूल्य छिपे हों।
- लोगों का पारिवारिक जीवन स्नेह, देख-रेख तथा संतुष्टि से भरपूर हो और यही बृहत्तर मानवीय परिवार में परस्पर सामंजस्य की आधारशिला है।
- सभी मानवीय संबंधों में आपसी सम्मान, समझ तथा धैर्य का भाव हो।
- लोग मुक्त रूप से संप्रेषण कर सकें और समत्व तथा शुभेच्छा का भाव बना रहे।
- ईमानदारी, उत्तरदायित्व तथा कानून के प्रति सम्मान के भाव के साथ सामाजिक, आर्थिक व राजनीतिक न्याय सुनिश्चित हो सके।
- लोगों के प्रतिनिधि के रूप में सरकारें उनके कल्याण का प्रतिनिधित्व करें। लोग एक सुरक्षित तथा शांतिपूर्ण जगत् के प्रति प्रयासों में पूरा योगदान दें।
- विज्ञान मानवता की सेवा करे तथा निरंतर विकास एवं जीवन की गुणवत्ता में सुधार के लिए उपयुक्त तकनीकों को लागू किया जा सके।
- सभी व्यक्ति को दूसरों की स्वतंत्रता तथा अधिकारों को मान देते हुए भावों को प्रकट करने, कोई भी गतिविधि करने तथा किसी भी मान्यता के साथ चलने की स्वतंत्रता।

इस तरह 'विजन ऑफ ए बेटर वर्ल्ड'[1] नामक पुस्तक सामने आई[1], जिसमें अनेक प्रेरक वाक्य, सुंदर कलात्मक भाव व कविताएँ शामिल थीं। उनका हार्दिक

स्वागत हुआ और अब भी उसे पूरे संसार में विचारक नेताओं, शिक्षाविदों व संस्कृति के रचयिताओं द्वारा प्रेरणा-स्रोत तथा संसार की सामूहिक बुद्धिमत्ता के शक्तिशाली अनुस्मारक के रूप में प्रयोग में लाया जाता है।

यह पुस्तक एक बहुत ही महत्त्वपूर्ण प्रश्न उठाती है, जिसका उत्तर अभी दिया जाना बाकी है—हम एक बेहतर संसार की रचना के लिए सामूहिक विवेक का प्रयोग कैसे कर सकते हैं?

जैसा कि हमने देखा, मूल्य बदलाव का मार्ग रचते हैं। हम इसे संभव कर सकते हैं। एक बार में एक व्यक्ति पर कार्य करना होगा।

---

1. विजन ऑफ ए बेटर वर्ल्ड, ब्रह्माकुमारी।

अनुक्रम

भाग–1

हमारे मूल्यों का अन्वेषण

भाग–2

इस विषय में विचार करें

भाग–3

इसे संभव कर दिखाएँ

भाग-1

हमारे मूल्यों का अन्वेषण

मेरा तो यही मानना है कि प्रत्येक मनुष्य के पास प्रेम व देख-रेख देने, वृद्धि करने तथा दूसरों के प्रति एक अपनेपन का भाव विकसित करने का अंतर्जात गुण होता है। इसके साथ ही मेरा यह भी मानना है कि प्रत्येक मनुष्य के भीतर प्रेम, देख-रेख, विकास व अपनापन पाने की सहज माँग होती है।

'फ्रॉम द फॉरवर्ड टू समथिंग बियॉण्ड ग्रेटनेस', टेक्स गनिंग : 'कन्वरसेशंस विद ए मैन ऑफ साइंस एंड ए वूमन ऑफ गॉड', ज्यूडी रोजर्स एंड गायत्री नारायणे, हेल्थ कम्युनिकेशंस इंक, 2009।

मूल्यों की व्याख्या

इन दिनों बहुत से व्यक्ति अंतर्जात मूल्यों के विषय में जानना चाहते हैं और उन्हें अपने जीवन में उतारने के लिए प्रतिबद्ध हैं। ब्रह्माकुमारियों का मानना है कि शांति, शुद्धता, विवेक, प्रेम व आनंद आदि मूल्य हमारी आत्मा में समाहित हैं। यदि इस दृष्टिकोण से देखा जाए तो मूल्यों की यह खोज एक ऐसी इच्छा पर आधारित है, जिसे हम भूल गए हैं; परंतु अवचेतन रूप से हमें इसका स्मरण है—हमारा मौलिक व सहज 'स्व'।

आंतरिक अनुभव तथा आस्था के अभाव में मूल्यों पर आधारित प्रक्रियाओं के लिए बाहरी प्रतिबद्धताएँ सफल नहीं हो सकतीं। संसार के सभी बड़े परिवर्तन या किसी के जीवन के सभी छोटे परिवर्तन—सभी वास्तविक बदलाव, सूक्ष्म परिवर्तनों के अनुक्रम के रूप में आरंभ होते हैं, सजगता में एक परिवर्तन के साथ आरंभ होते हैं।

सजगता में आनेवाला बदलाव प्रवृत्ति में आ रहे बदलाव का सूचक है। हमारी प्रवृत्ति हमारे दर्शन व अवलोकन को प्रभावित करती है। जब हम संसार को एक नए रूप में देखते हैं, तब हम पहले की तरह पेश नहीं आ सकते। नए कार्यों से नए संसार की रचना होती है।

तो केवल वास्तविक परिवर्तन के लिए सजगता, प्रवृत्ति, अवलोकन, कर्म तथा संसार ही 'सूक्ष्म' अनुक्रम है।

यह अनुक्रम मूल्यों से तटस्थ है। चाहे हम भय की ओर जाने या शांति की ओर जाने की बात करें, यह दोनों रूपों में समान ही है।

भय की सजगता ही विस्तृत होकर भयपूर्ण प्रवृत्ति बनती है। जब हमारी प्रवृत्ति भयपूर्ण होती है तो हमें हर स्थान पर संकट दिखाई देता है और फिर हम

अपने आपको बचाने के लिए कदम उठाते हैं। अंततः हमारे आसपास एक सशस्त्र संसार की रचना होती है।

इस भाग में उन बारह मूल्यों का गहन व सुंदर अन्वेषण किया गया है, जिन्हें ब्रह्माकुमारियाँ एक न्यायी, पर्यावरण मित्र तथा शांतिपूर्ण जगत् की रचना के लिए अनिवार्य मानती हैं। इन मार्मिक मूल्यों में सार्वजनीन पहल है और ये किसी भी ऐसे व्यक्ति, संगठन या समाज के जीवन की गुणवत्ता में सुधार ला सकते हैं, जो इन्हें अभ्यास में लाएँगे। जब हम अपनी सजगता, प्रवृत्ति तथा अवलोकन में परिवर्तन लाएँगे तो उनके अनुसार, इनके पास हमारे जीवन को रूपांतरित करने की योग्यता है।

इन मूल्यों को परिभाषित, वर्णित तथा इनके सार की व्याख्या करने के साथ हम आशा करते हैं कि आप भी इनमें से प्रत्येक के अभ्यास के साथ इस पर विचार व मनन करने, इन्हें समझने तथा आत्मसात् करने और इनका बोध पाने के योग्य होंगे। आप न केवल अपने लाभ के लिए इनका प्रयोग करेंगे, बल्कि अपने परिवार, मित्रों, सहकर्मियों तथा प्रकृति सहित विस्तृत जगत् का भी कल्याण कर सकेंगे।

चूँकि ये मूल्य अंत:परस्पर हैं, अत: किसी भी एक मूल्य को पहचानने तथा इसके महत्त्व का अन्वेषण करने का अनुभव कुछ ऐसा ही है, मानो आपने इन सहायक मूल्यों में छिपे असीमित कोष का अनुभव पा लिया हो।

□

सहयोग

यह एक तथ्य है कि यदि बहुत से पंखों को सही दिशा में उड़ान मिले तो वे किसी भी एक पक्षी की तुलना में दुगुनी दूरी तय कर सकते हैं।

—अज्ञात स्रोत

जो लोग दूसरे व्यक्तियों को सहयोग देते हैं, वे सहयोग पाते भी हैं। सहयोग देने के अनुसार, हम अपने मन की ऊर्जा का प्रयोग करते हुए सद्‌भाव के स्पंदन तथा कार्य के लिए विशुद्ध भावनाएँ उत्पन्न करते हैं। बाहरी परिस्थितियों की बजाय अपने आंतरिक मूल्यों से प्रभावित, स्नेही तथा निरासक्त रहने पर शक्ति व विवेक उत्पन्न होते हैं।

मनुष्य की उपलब्धि कुछ ऐसी ही होती है मानो किसी को खड़ी चट्टानों, चट्टानों के नुकीले हिस्सों, ढलानों व घाटियों से होते हुए पर्वत शिखर तक जाना हो। शिखर तक जाने के लिए पर्वतारोही के पास आंतरिक साहस व संकल्प शक्ति के साथ-साथ आवश्यक कौशल तथां ज्ञान भी होना चाहिए। यद्यपि ऐसा कोई भी आरोहण सहयोग की सुरक्षा रस्सी के बिना पूरा नहीं हो सकता, जिसे हम पर्वतारोहण के लिए सबसे अनिवार्य उपकरण मान सकते हैं। सहयोग समत्व, सशक्तीकरण, सहजता व उत्साह का आश्वासन देता है। यह प्रत्येक पर्वतारोही को एक-एक कदम आगे बढ़ाने के योग्य बनाता है, फिर भले ही वह कदम कितना भी छोटा क्यों न हो। और इस प्रकार अंतिम सफल सामूहिक परिणाम में अपना योगदान देता है।

पारस्परिक लाभ

सहयोग का अर्थ यही है कि हम आपस में मिलकर एक सामूहिक लक्ष्य के लिए काम करें। इसके लिए हमें जन-कल्याण के लिए अपनी सीमित इच्छाओं तथा माँगों से परे जाना होता है। यह आपस में लेन-देन का ऐसा खेल नहीं, जिसमें हमारी सफलता किसी दूसरे की सफलता पर निर्भर करती है। हमारे हर तरह के मेल-जोल में परस्पर लाभ ही सहयोग का निरंतर उद्देश्य है। साहस, दूसरे के प्रति विचार, देख-रेख तथा आपस में कुछ बाँटना आदि वह बुनियाद देते हैं, जिसमें से यह विकसित होता है।

जब किसी व्यक्ति, समूह या राष्ट्र को आपसी सहयोग की आवश्यकता हो तो उस समय तीव्र विवेक बुद्धि के साथ सटीक उपाय लागू किए जाएँ, तो हमारे आपसी मेल-जोल तथा संबंधों के बीच सफलता प्राप्त होगी। यह बिल्कुल सादा सा उपाय भी हो सकता है, जैसे किसी बात की व्याख्या करना, प्यार व सहयोग देना या बात सुनना। हालाँकि यदि हम उचित समय व उचित रूप से उचित प्रकार का सहयोग नहीं देते तो आम सहमति व संतुष्टि के स्तर पर सफलता नहीं पाई जा सकती; जैसे किसी रोग का सही निदान न करनेवाला डॉक्टर और रोगी ठीक होने के स्थान पर उपचार के कारण पैदा हुई जटिलताओं का सामना करता है।

जब उदारता व गंभीरता की भावना उत्पन्न होती है तो आपसी सहयोग विकसित होता है।

यह हमें इस योग्य बनाता है कि हम प्रत्येक व्यक्ति से सहयोग प्राप्त कर सकें। हम दूसरों पर भरोसा व विश्वास रखते हैं और बदले में वे भी हम पर अपना भरोसा व विश्वास प्रकट करते हैं। हम मिलकर आपसी सहयोग, सशक्तीकरण, सम्मान तथा एकता का भाव बनाए रखने में कामयाब होते हैं।

प्रत्येक का उत्तरदायित्व

सहयोग या सहकारिता प्रत्येक का उत्तरदायित्व है। हालाँकि इसे देने के लिए साहस व आंतरिक शक्ति की आवश्यकता होती है। कई बार जब हम यह उत्तरदायित्व लेते हैं तो हम अपमान व निंदा का शिकार हो जाते हैं। ऐसी परिस्थितियों में हमें अपने बचाव के लिए एक आंतरिक बचाव तंत्र विकसित करना होगा। यदि स्नेही व निष्पक्ष रहते हुए बाहरी परिस्थितियों की बजाय अपने आंतरिक सार मूल्यों से प्रभावित रहेंगे तो विवेक के रूप में गुप्त सहयोग सामने आएगा। किसी

एक व्यक्ति द्वारा अपमानित या लांछित होने के बाद भी उसके प्रति प्रेम व आपसी सहयोग का रवैया बनाए रखने का अर्थ होगा कि आप उसके प्रति दयापूर्ण दृष्टिकोण दिखा रहे हैं। हमारा नजरिया आपसी समझ, क्षमाशीलता, सहिष्णुता, धैर्य, सहनशीलता व समानुभूति से अनुप्राणित होता है—और यह उन सभी चुनौतियों को हटा सकता है, जो हमारी प्रगति की राह में बाधा दे रही हों।

सहयोग के लिए हमें प्रत्येक व्यक्ति द्वारा निभाई जा रही अनूठी भूमिका को मान देना होगा और उसके प्रति एक गंभीर व सकारात्मक रवैया विकसित करना होगा। अपने मन की ऊर्जा से दूसरों के प्रति अच्छी भावनाएँ तथा शुभकामनाएँ उत्पन्न करते हुए परिवेश को सकारात्मक रूप से प्रेरित कर सकते हैं और एक मुक्त व गहन विचार-विमर्श तथा सफल परिणाम के लिए आधार तैयार कर सकते हैं।

अब समय आ गया है

हम समय के साथ सहयोग करते हुए तथा जीवन व घटनाओं की प्राकृतिक व्यवस्था को स्वीकार करने के साथ सहनशीलता विकसित करते हैं। समय मूल्यवान् है, क्योंकि यह सदा हमें बेहतर व अनिवार्य परिणाम पाने के लिए असाधारण अवसर प्रदान करता है। जब हमें समय की कद्र होने लगती है तो वह भी हमें अपना सहयोग प्रदान करता है।

अब वैश्विक रूप से सहयोग देने का समय आ गया है। हम सभी आपस में सहयोग देते हुए वास्तव में इस संसार में एक बेहतर बदलाव ला सकते हैं, जिसके लिए हमें तन-मन-धन से सेवा करनी होगी। अगर हम सभी एक छोटी उँगली के बराबर बल भी लगा दें तो मिलकर पूरा पर्वत उठा सकते हैं।

एक दिन जब हम उन अखंड सूक्ष्म बंधनों को पहचान लेंगे, जो हमें विश्व-बंधुत्व की डोर में बाँधते हैं तो यह सहयोग हमारे लिए अनिवार्य हो जाएगा और हम नई व महान् ऊँचाइयों तक जा पहुँचेंगे।

मनन बिंदु

1. *आपके लिए सहयोग या सहकारिता से क्या तात्पर्य है?*
2. *किसी ऐसे व्यक्ति के बारे में विचार करें, जो सहयोग का प्रेरणास्पद उदाहरण रहा हो। उनमें ऐसी क्या बात है, जो उन्हें विशेष बनाती*

है? उनकी सफलता का रहस्य क्या है?

3. आप किस प्रकार दूसरे व्यक्तियों के साथ सहयोग करते हैं?
4. क्या आपके जीवन में ऐसे कुछ क्षेत्र हैं, जहाँ आप दूसरे व्यक्तियों से अधिक सहयोग करना चाहेंगे? ऐसा क्या कारण है कि आप चाहकर भी दूसरों को अपना पूर्ण सहयोग नहीं दे पा रहे?
5. आप सहयोग करने की योग्यता को विकसित करने के लिए क्या कर सकते हैं?

□

स्वतंत्रता

यदि दूसरे व्यक्तियों का शोषण हो रहा है तो कोई भी स्वतंत्र नहीं है।

—अज्ञात

पूर्ण स्वतंत्रता तभी सामने आती है, जब अधिकार व उत्तरदायित्व तथा चुनाव व अंतरात्मा का आपस में पूरी तरह से मेल हो। हमारा मानवीय अंतःकरण ही बाहरी व भीतरी संघर्षों पर विराम लगाने का सबसे शक्तिशाली अस्त्र है।

स्वतंत्रता एक अनमोल उपहार है। जिस प्रकार आकाश में उड़ती चील यह मुक्ति के अनुभव तथा सीमाहीन होने के अनुभव को दरशाती है—मानो धरती, आकाश व सागर हमारे ही हों।

वर्तमान जगत् में महती आकांक्षाओं में एक यही है कि सब स्वतंत्र हों, मुक्त हों। लोग अपने जीवन का उद्देश्य पाने के लिए स्वतंत्र होना चाहते हैं। वे अपने लिए एक ऐसी जीवन-शैली का चयन करना चाहते हैं, जिसमें वे अपने बच्चों के साथ स्वस्थ, सबल व प्रसन्न रहते हुए व्यावहारिक, मानसिक व हार्दिक रूप से कार्य करते हुए फल-फूल सकें। वे स्वेच्छा से कार्य करते हुए अपने सामाजिक, राजनीतिक, आर्थिक व धार्मिक अधिकारों व सुविधाओं का आनंद लेना चाहते हैं। संक्षेप में, वे चुनाव करने, खतरा मोल लेने तथा अपनी ही शर्तों पर सफलता अर्जित करने की आजादी चाहते हैं।

सच्ची स्वतंत्रता

प्रायः स्वतंत्रता या आजादी को एक ऐसे ब्लैंक चेक की तरह मान लिया जाता है, जिस पर कोई भी रकम लिखकर उसे भुनाया जा सकता है। लोगों को

लगने लगता है कि उन्हें आजादी के नाम पर मनमाने ढंग से कभी भी, कहीं भी और कुछ भी करने की छूट मिल जाती है। आजादी का यह विचार पूरी तरह से भ्रमित है और चुनाव करने के अधिकार का दुरुपयोग भी है। यदि हमारा ध्यान व प्रयास पूरी तरह से हमारे अपने ही अधिकारों व चुनावों पर केंद्रित होगा और हम दूसरों के अधिकारों का हनन करेंगे तो आजादी दम तोड़ देगी।

सच्ची स्वतंत्रता उसी समय सामने आ सकती है, जब हम इस विचार को पोषित करते हुए आगे बढ़ें कि प्रत्येक व्यक्ति को समान अधिकार प्राप्त हैं। उदाहरण के लिए—शांति, प्रसन्नता व न्याय पाने का अधिकार धर्म, जाति व लिंग से परे अंतर्जात है। स्व, परिवार या देश को मुक्त करने के लिए दूसरों के अधिकारों का हनन उस आजादी का दुरुपयोग है, जो प्रायः पलटवार करती है। इससे प्रायः संघर्ष व असंतुलन उपजता है और स्व, परिवार या देश के लिए यह आर्थिक, मानसिक, भौतिक, आध्यात्मिक, सामाजिक व राजनीतिक रूप से पीड़ादायक हो सकता है; जैसा कि हम वर्तमान संसार में अनेक स्थानों पर देख भी रहे हैं। इन परिस्थितियों को सुलझाने के लिए संयम चाहिए और कई स्थानों पर शोषक व शोषित पर दबाव भी देना पड़ सकता है।

जब अधिकारों का उत्तरदायित्व से तथा चुनावों का अंतरात्मा से संतुलन सधता है तो व्यक्तिगत व सामूहिक रूप से स्वतंत्रता सामने आती है।

आजादी की सुरक्षा

हमें किसी भी दशा में स्वतंत्रता को सुरक्षा प्रदान करनी चाहिए। हम किसी भी अनुचित रवैए को समर्थन नहीं दे सकते, जैसे लोग कहते हैं, "लोगों का दिमाग ठिकाने रखने के लिए थोड़ा लोभ, आक्रामकता व क्रोध रखना अनिवार्य है।" ऐसे विचार सामने आते ही कई गुना रूप धर लेते हैं और फिर हम उन्हीं अनुचित कामों एवं भावनाओं की आड़ लेने लगते हैं। जिस प्रकार लाभदायक एवं सकारात्मक विचार व कर्म लाभदायक प्रभाव लाते हैं, उसी प्रकार हानिकारक एवं नकारात्मक विचार व कर्म समान विपरीत प्रभाव देते हैं। दूसरे शब्दों में, 'हम जो बोते हैं, वही काटते हैं।' कर्म का यह प्राकृतिक नियम ही 'कर्म का नियम' कहलाता है। इसका अर्थ है—व्यक्तिगत या सामूहिक रूप से सकारात्मक या नकारात्मक रूप से खाते खोले जाएँगे और उनमें पूरा हिसाब होगा, जिसका कभी-न-कभी हिसाब करना ही होगा।

किसी सरकार, संस्था या तंत्र को अगर सेवा करने का उत्तरदायित्व निभाना

हो तो उसके प्रमुख कर्तव्यों में से एक यह होना चाहिए कि वह तीन स्तरों पर स्वतंत्रता को सुरक्षा, प्रचार व आश्वासन प्रदान करे—

1. व्यक्तिगत स्वतंत्रता, जिसमें यातना, पीड़ा व कष्ट से मुक्ति हो तथा स्व-वास्तविकीकरण एवं स्व- प्रकटन को प्रोत्साहित किया जा सके।
2. सामूहिक स्वतंत्रता, जिसे मानव अधिकारों में न्याय व समानता के साथ दरशाया जाता है तथा
3. पर्यावरणीय स्वतंत्रता, जिसका अर्थ होगा—प्रकृति के नियमों को पूरा सम्मान दिया जाए, जिसमें सभी सजीवों एवं वनों के संरक्षण का अधिकार शामिल हो तथा पृथ्वी के वातावरण और संसाधनों के संरक्षण की भी बात की जाए।

बंधन से मुक्ति

स्वतंत्रता के अनमोल उपहार के संरक्षक तथा स्वतंत्रता के अधिकार के हनन की प्रतिक्रिया के रूप में हम सहज रूप से लोगों को मुक्त करते हुए दमन की जंजीरों से बाहर निकालना चाहते हैं। हालाँकि आजाद होने के बावजूद लोग सशक्त भौतिक इच्छाओं, क्रोध, लोभ, मोह, अहं तथा आंतरिक संघर्ष की जंजीरों में जकड़े हो सकते हैं।

अपने भीतर बसी इसी युद्धभूमि से सारे युद्धों का जन्म होता है।

अपने भीतर बसी किसी भी नकारात्मकता को पूरी ईमानदारी के साथ पहचान कर स्वीकार करते हुए तथा उसे त्यागकर हम स्वयं को जटिलताओं व उलझनों से मुक्त कर सकते हैं, जिसके कारण हमारे मन, बुद्धि तथा हृदय में संघर्ष उत्पन्न होता है। अनासक्ति के अभ्यास व चेतना; रवैए, शब्दों, कर्मों में सहजता व दयालुता के साथ हम स्वयं को दुःख के कारागार से मुक्त कर सकते हैं, जिसे हमने स्वयं ही बनाया है।

सच्ची मुक्ति तभी संभव है, जब हम केवल भौतिक शरीर की चेतना के साथ कर्म करने से स्वयं को मुक्त कर सकें। ऐसी चेतना हमें शरीर, इंद्रियों, दूसरे व्यक्तियों तथा सांसारिक वस्तुओं के मोह से आबद्ध करती है। यही हमारे भय तथा असुरक्षा का मूल है। ऐसी सीमाओं से पार जाकर ही हम और अधिक स्वाभाविक रूप से मुक्त, आत्म-निर्भर तथा स्नेही बन पाते हैं।

ऐसा आत्म-रूपांतरण ही संसार के रूपांतरण की प्रक्रिया का आरंभ करता है।

यह संसार युद्ध तथा अन्याय से केवल तभी मुक्ति पा सकता है, जब हम स्वयं को उन सभी बंधनों से मुक्त कर सकते हैं, जो हमें हमारे सच्चे शांतिपूर्ण अस्तित्व के निकट नहीं जाने देते।

सारे आंतरिक संघर्ष एवं बाहरी युद्धों का अंत करने के लिए तथा हमारी आत्मा को मुक्त करने के लिए केवल अंत:करण ही सबसे बड़ी शक्ति है। जब भी मुक्ति से जुड़ा कोई भी कार्य हमारे अंत:करण से संबंध रखता है तो वह स्वयं ही उद्धारक, सशक्त व उदात्त हो जाता है।

मनन बिंदु

1. *आपके लिए स्वतंत्रता से क्या तात्पर्य है?*
2. *किसी ऐसे व्यक्ति के बारे में विचार करें, जो स्वतंत्रता का प्रेरणास्पद उदाहरण रहा हो। उनमें ऐसी क्या बात है, जो उन्हें विशेष बनाती है? उनकी सफलता का रहस्य क्या है?*
3. *आप कितनी सक्षमता के साथ दूसरों तथा देश के प्रति अपने अधिकारों व उत्तरदायित्व का संतुलन कायम कर पाते हैं?*
4. *क्या आपके जीवन में ऐसे कोई क्षेत्र हैं, जहाँ आप दूसरे व्यक्तियों से अधिक स्वतंत्रता पाना चाहेंगे? ऐसा क्या कारण है कि आप चाहकर भी ऐसा नहीं कर पा रहे?*
5. *अपने जीवन में सच्ची स्वतंत्रता को विकसित करने के लिए आप क्या कर सकते हैं?*

□

प्रसन्नता

प्रसन्नता धन-संपदा तथा स्वर्ण में नहीं छिपी। प्रसन्नता का भाव हमारी आत्मा में विद्यमान है।

—डेमोक्रीट्स

सत्य की शक्ति से आंतरिक संपदा तथा शांति की शक्ति से स्वास्थ्य प्राप्त होता है। ये दोनों मिलकर प्रसन्नता प्रदान करते हैं। प्रसन्नता उन व्यक्तियों द्वारा अर्जित की जाती है, जिनके कर्म, प्रवृत्ति तथा गुण विशुद्ध व निस्स्वार्थ होते हैं।

जन्नत, स्वर्ग, एल डोराडो, ईडन का बगीचा, अल्लाह का बाग, यूटोपिया, बैकुंठ, ओसिरिस के खेत तथा गोल्डन एज आदि वे नाम हैं, जिनके माध्यम से विभिन्न संस्कृतियों में शांति, प्रसन्नता तथा समृद्धि को स्मरण किया जाता है।

धरती के उस स्वर्ग में प्रत्येक मनुष्य एक फूल के समान था, एक देश फूलों का गुच्छा था और पूरा संसार फूलों के बाग की तरह था। सबका पोषणकर्ता सूर्य, बाग को अपनी सुनहरी किरणें प्रदान करता और वह एक नवीनता एवं कल्याण की भावना से प्रशस्त हो उठता। प्रसन्नता के द्वार खुले रहते। वे सुनहरे बाग में प्रवेश के लिए मनुष्य के परिवार का स्वागत करते।

यह संसार वास्तव में ऐसा ही एक बाग था और यह फिर से वैसा ही हो जाएगा।

प्रसन्नता का अनुसरण

वर्तमान में अनेक व्यक्ति अपने जीवन के उद्‌देश्य के विषय में प्रश्न करते हैं।

कुछ लोग जीने से थक गए हैं; कुछ लोगों ने यह उम्मीद खो दी है। कुछ व्यक्ति धन कमाने के प्रयास में लगे रहते हैं और यह मानकर चलते हैं कि उन्हें ऐसा करने से प्रसन्नता मिल जाएगी। कछ धनी स्वस्थ नहीं होते और इसी वजह से उन्हें कष्ट भोगना पड़ता है। कुछ लोग प्रसन्ता की तलाश में अपने लिए कोई व्यवसाय चुन लेते हैं तो कुछ संबंधों में अपने लिए प्रसन्नता की तलाश करते हैं। प्रसन्नता के ऐसे बाहरी व भौतिक साधन अस्थायी एवं सीमित होते हैं और अंततः पूरी तरह से संतुष्टिदायक नहीं होते। अनेक उदाहरणों में ये अप्रसन्नता तथा दुःख प्रदान करने का कारण बनते हैं।

जब हमारे आध्यात्मिक मूल्यों तथा शक्तियों का अभाव हो जाता है तो हम बहुत समय तक विशुद्ध एवं दीर्घकालीन प्रसन्नता को बनाकर नहीं रख पाते।

आध्यात्मिक सत्यों का प्रयोग व सजगता हमें प्रसन्नता का सच्चा स्रोत प्रदान करती है।

सत्य की शक्ति से ही संपदा प्राप्त होती है तथा शांति की शक्ति से स्वास्थ्य प्राप्त होता है। ये दोनों मिलकर प्रसन्नता प्रदान करते हैं। आध्यात्मिक ज्ञान किसी टॉनिक की तरह किसी निराश व्यक्ति के जीवन में भी आशा का संचार कर देता है। नए व आशाजनक क्षितिज के किसी भी आकांक्षी व्यक्ति के पास विशुद्ध प्रसन्नता लौट आती है। जो महत्त्वपूर्ण बातें भूल चुकी होती हैं, वे सभी तुरंत याद आ जाती हैं। इस भावना की तुलना अपने घर और दिल के बहुत निकट होने से की जा सकती है। जब आप वृक्षों को देखते हैं, हवा की गंध को सूँघते हैं तो आप जान जाते हैं कि आप किसी ऐसी वस्तु के निकट हैं, जो आपके दिल के बहुत करीब है।

प्रसन्नता की ऊष्मा तथा आराम आत्मा के भीतर ही छिपा है। *जब हम भीतर की ओर मुड़ते हैं और शांति व मौन की आंतरिक शक्तियों से बल प्राप्त करते हैं तो हम अपने गुणों को पुनर्जीवित करते हैं और हमारी प्रसन्नता का स्तर ऊँचा उठने लगता है।* आत्मा उन सभी रहस्यों के प्रति उन्मुक्त हो उठती है, जिनके माध्यम से हम जान सकते हैं कि हम भौतिक जगत् का शिकार हुए बिना अंतः परस्पर रूप से कैसे जीवित रह सकते हैं। भौतिक जगत् का तो स्वभाव ही यही है कि यह मनुष्य की प्रसन्नता को छीन लेता है।

आध्यात्मिक ज्ञान के कोष में ऐसी ज्ञान संपदा छिपी है, जो हमें सत्य के साथ जीने और उसके अनुसार चलने के योग्य बनाती है। इनमें वे मार्गदर्शिकाएँ भी शामिल हैं, जिनके अनुसार हम यह जान सकते हैं कि अपने चरित्र व गतिविधियों को कैसे सुधार सकते हैं, जिनमें से विशुद्धता सबसे अधिक महत्त्व रखती है।

विशुद्धता प्रसन्नता व सहजता की जननी है। स्पष्ट, स्वच्छ, सकारात्मक विचार, भावनाएँ, शब्द तथा कर्म ही वे कुंजी हैं, जो प्रसन्नता के द्वार खोल सकती हैं। वे ही आत्म-प्रगति की आधारशिला हैं और निजी रूपांतरण के माध्यम से अपनी आत्मा को शक्ति व संतोष तथा अन्य व्यक्तियों को आनंद प्रदान किया जा सकता है।

मन की प्रसन्नता

मन की प्रसन्नता एक ऐसी अवस्था है, जिसमें कोई भी उतार-चढ़ाव या हिंसा नहीं होती। आत्मा के साथ ऐसी शांति के साथ बुद्धि के भीतर विश्वास उत्पन्न होता है। जो लोग ऐसा विश्वास रखते हैं, उनके मन में प्रसन्नता की बाँसुरी यूँ ही निरंतर धीमे-धीमे बजती रहती है। भले ही कोई भी परिस्थिति कितनी भी विपरीत, बुरी या चुनौतीपूर्ण क्यों न हो जाए, एक निर्भीकता का भाव होगा; क्योंकि विश्वास की शक्ति अंतिम विजय का आश्वासन देती है। जब बुद्धि आध्यात्मिक प्रज्ञा से प्रदीप्त हो उठती है तो मूड के उतार-चढ़ाव में कमी आती है और मन में संदेह नहीं रहते। हम दुःख व पीड़ा से मुक्ति पाते हुए यह अनुभव कर पाते हैं कि प्रसन्न रहने का केवल एक ही रहस्य है—*प्रसन्नता प्रदान करो और प्रसन्नता पाओ। दूसरों को दुःख देने व पाने का कार्य न करो।*

प्रसन्नता एक प्रकार से एक पोषण है, जो आत्मा की प्रभुसत्ता से प्राप्त होता है। यही हमारे मन, बुद्धि, व्यक्तित्व, गुणों तथा शरीर की भौतिक इंद्रियों का स्वामी है। दूसरे शब्दों में—संपूर्ण होना, पुरुषोचित व स्रैण गुणों के बीच पूरे संतुलन के साथ सभी शक्तियों व गुणों से युक्त होना। संपूर्णता की यह अवस्था प्रत्येक आत्मा के भीतर छिपी है।

इस संपूर्णता की तलाश में हमारी बुद्धि अपनी दिव्य प्रकृति को खोजने की प्रक्रिया में जाती है।

असीमित सौभाग्य

प्रसन्नता अनमोल है। इसे खरीदा या बेचा नहीं जा सकता और न ही इसका मोल-तोल किया जा सकता है। इसे तभी अर्जित किया जा सकता है, जब हमारे कर्म, प्रवृत्ति एवं गुण विशुद्ध तथा निस्स्वार्थ होते हैं।

प्रायः जीवन में सामाजिक, आर्थिक व राजनीतिक स्थिरता को प्रसन्नता व आनंद का स्रोत माना जाता है। हालाँकि जब भी इनमें से किसी एक क्षेत्र में अस्त-व्यस्तता आती है तो व्यक्ति की प्रसन्नता का लोप हो जाता है। जब व्यक्तियों के

आध्यात्मिक व नैतिक चरित्र के विकास की कीमत पर संसाधनों को सामाजिक-आर्थिक आधारित संरचना पर केंद्रित किया जाता है तो जीवन की प्राथमिकताएँ उलझकर रह जाती हैं और धीरे-धीरे प्रसन्नता का क्षय होने लगता है।

यदि हम चाहें तो अपने आध्यात्मिक व नैतिक मूल्यों का उपयोग करते हुए अपनी प्राथमिकताओं का पुनः मूल्यांकन कर सकते हैं और इस संतुलन को पुनः साधने के लिए सकारात्मक, अग्र सक्रिय तथा सुरक्षात्मक साधन अपना सकते हैं।

प्रसन्नता का मार्ग सुनहरे अवसरों से भरा है। इस यात्रा में उठाया गया प्रत्येक कदम निश्चित रूप से अपने व दूसरों के कल्याण का आश्वासन देता है। हम इस पथ पर मिलकर चलते हैं तो प्रसन्नता का भाव दुगुना हो जाता है। हम अपने सामूहिक कर्मों के माध्यम से एक बार पुनः संसार के सुनहरे द्वार को खोल सकते हैं।

मनन बिंदु

1. ***आपके अनुसार 'प्रसन्नता' से क्या तात्पर्य है?***
2. ***किसी ऐसे व्यक्ति के बारे में सोचें, जो आपके लिए प्रसन्नता का प्रेरणादायी उदाहरण हो। उन उपायों की सूची बनाएँ, जिनमें वे प्रसन्नता का प्रदर्शन करते हैं? उनकी सफलता के क्या रहस्य हैं?***
3. ***आप अपनी प्रसन्नता किस प्रकार व्यक्त करते हैं?***
4. ***क्या आपके जीवन में कुछ ऐसे क्षेत्र हैं, जहाँ आप प्रसन्न होना चाहेंगे? ऐसा क्या है, जो आपको प्रसन्न होने से रोकता है?***
5. ***आप अपने जीवन में असीम प्रसन्नता को पाने के लिए क्या कर सकते हैं?***

□

ईमानदारी

'ईमानदारी अच्छी नीति है', अब इस कहावत की इस वाक्य के साथ निंदा की जाने लगी है कि ईमानदारी कोई नीति नहीं होती। वास्तविक रूप से ईमानदार व्यक्ति किसी नीति के अनुसार नहीं, बल्कि किसी बात के उचित होने की धारणा के साथ ईमानदार होता है।

—रॉबर्ट ई. ली

ईमानदारी का अर्थ है कि हमारे विचारों, शब्दों तथा कर्मों में कोई विरोधाभास नहीं होने चाहिए। अपनी आत्मा के प्रति ईमानदारी तथा उद्देश्य से दूसरों का विश्वास अर्जित किया जा सकता है और दूसरों में विश्वास को प्रेरित भी किया जा सकता है। भरोसे के साथ दी गई ईमानदारी का कभी दुरुपयोग नहीं करना चाहिए।

ईमानदारी का अर्थ है—अपने अंतःकरण का स्वच्छ होना, अपने तथा अपने साथी मनुष्यों के सामने अंतःकरण की शुद्धता। हमारी भूमिका, व्यवहार तथा संबंधों में जो उचित व उपयुक्त है, उसका समर्थन ही ईमानदारी कहलाता है। हम वही कहते हैं, जो सोचते हैं और वही करते हैं, जो कहते हैं। हमारे विचारों, शब्दों तथा कर्मों में कोई विरोधाभास नहीं होते। हम दूसरों के जीवन तथा मन में भ्रम व अविश्वास उत्पन्न करने के लिए किसी प्रकार के आडंबर का आश्रय नहीं लेते; कोई भी बाधाएँ हमें निकट आने से रोक नहीं सकतीं। ईमानदारी के साथ जीवन में कर्तव्यनिष्ठा आती है, क्योंकि आंतरिक व बाहरी मूल्यों में समरूपता पाई जाती है।

ईमानदारी किसी निर्दोष हीरे की तरह मूल्यवान् है। इसकी चमक कभी छिपी नहीं रह सकती। यह हमारे कर्मों से झलक उठती है। जब हम अंदर और बाहर से, एक से होते हुए सत्यनिष्ठा को अपनाते हैं तो हम पूरी तरह से प्रामाणिक होते हैं,

जो मानवीय मूल्यों में सर्वाधिक महत्त्व रखता है। ऐसे मेल से जीवन में स्पष्टता आती है और हम दूसरों के लिए अनुकरणीय उदाहरण के रूप में सामने आते हैं।

मलिन विषय

हमें आंतरिक ईमानदारी की परख करनी चाहिए, ताकि बल व स्थिरता पाने के लिए बुद्धिमत्ता व सहयोग प्रदान किया जा सके। हमें आध्यात्मिक ज्ञान व सजगता के साथ-साथ साहस व दृढ संकल्प की भी आवश्यकता होगी, ताकि हम समझ सकें कि हम सही मायनों में क्या हैं?

हमें यह भी देखना होगा—

- अपनी कमियों व खूबियों को पहचानना और मान्यता प्रदान करना।
- अपने ही मूल्यों, गुणों, प्रतिभाओं व खूबियों के अनूठे मेल के महत्त्व को मानना तथा उसका अनुभव पाना।
- जीवन के उद्देश्य के प्रति वचनबद्धता।

हमारी अंतर्जात आंतरिक अच्छाई को स्वीकार करना, उसकी प्रशंसा करना, उसे मान देना और पोषित करना। इन सभी साधनों की सहायता से हम अपने स्वाभिमान में वृद्धि कर सकते हैं, जिससे स्थिरता, शक्ति व आत्मविश्वास में वृद्धि होती है। हम स्वीकृति के लिए दूसरों पर कम निर्भर रहने लगते हैं और जब आवश्यक हो तो दृढ़ शब्दों में अपनी बात भी रख सकते हैं।

यदि किसी व्यक्ति, वस्तु या विचार के प्रति मोह हो तो आंतरिक रूप से बेईमानी पैदा हो सकती है। ऐसा मोह वास्तविकता की राह में बाधा बनता है और सबके कल्याण के लिए कदम उठाना थोड़ा कठिन हो जाता है। किसी भी प्रकार की नकारात्मक भावनाएँ, आदतें, स्वार्थी उद्देश्य या छिपी दुर्भावना हमारे जीवन रूपी दर्पण पर धब्बों के समान हैं। ईमानदारी व सत्यनिष्ठा इन धब्बों को हटाने का काम करती है।

आत्म-विकास के लिए हमारे प्रयासों में स्वच्छता तथा दिल में सच्चाई होनी चाहिए।

स्वच्छता का अर्थ है—अपनी चेतना व गतिविधि के उन पक्षों का अन्वेषण करते हुए उनमें परिवर्तन लाना, जो हमारे स्व को मलिन करते हैं और दूसरों के मन में संदेह को जन्म देते हैं। यदि हमारे पास ईमानदारी नहीं होगी तो हम बातों के भ्रमजाल में डालकर दूसरों को ठगने या बहाने बनाने की प्रवृत्ति का शिकार होंगे। जब आत्मदर्पण स्वच्छ होता है तो हमारी भावनाएँ, प्रकृति, उद्देश्य व लक्ष्य पारदर्शी

होते हैं और हम विश्वास के योग्य हो जाते हैं।

जब हम विश्वास के योग्य होते हुए विश्वास रखते हैं तो इससे अच्छे संबंधों के लिए आवश्यक व अनिवार्य आधार मिलता है।

जब हम दूसरों के साथ भावनाएँ व उद्देश्य बाँटते हैं तो परस्पर एक आत्मीयता का अनुभव होता है। ईमानदारी और भरोसे के अभाव में अविश्वास व तनाव उत्पन्न होता है और इस तरह व्यक्ति या समाज इनमें से कोई भी उचित रूप में कार्य नहीं कर सकता। ईमानदारी व विश्वास ही सुखद विवाहों, स्वस्थ प्रजातंत्रों, सफल व्यवसायों तथा अर्थव्यवस्थाओं, फलते-फूलते संबंधों तथा देशों व लोगों के बीच शांति का आधार है।

इस समय सारा विश्व ईमानदारी के लिए ही व्यथित है।

अनुप्रयोग व प्रयोग

इन नैतिक गुणों व नियमों के निजी व सामूहिक अनुप्रयोग में ये प्रयोग शामिल हैं कि क्या चीज बेहतर तरीके से कारगर हो सकती है; जैसे क्या सार्थक व उपयोगी है? प्रगति तभी होती है, जब हम किसी भी क्षण में ईमानदारी को पूरी गंभीरता के साथ लागू करते हैं। जब सफलता का अनुभव होता है तो ईमानदारी व सत्यनिष्ठा को बल मिलता है।

यदि हम किसी कार्य को जबरन या बेपरवाह व स्वार्थी रवैए के साथ निभाते हैं तो इससे हमारे विशुद्ध उद्देश्य प्रतिबिंबित नहीं होते और इस प्रकार एक नकारात्मक प्रतिक्रिया उत्पन्न होगी। जब हम अपने स्व के प्रति ईमानदार तथा लक्ष्य के प्रति सच्चे होते हैं तो दूसरों का विश्वास अर्जित करते हुए उनके भीतर प्रेरणा जाग्रत् कर पाते हैं। उद्देश्य की विशुद्धता तथा हमारे प्रयासों की निरंतरता हमारी प्रगति को बनाए रखती हैं।

एक ईमानदार व्यक्ति ऐसा व्यक्ति होता है, जो आचरण के उच्च स्तरीय नियमों का अनुसरण करता है, जो जीवन के स्नेही व सार्वभौमिक नियमों के प्रति निष्ठावान् होता है और उसके निर्णय स्पष्ट रूप से इस बात पर आधारित होते हैं कि क्या उचित या अनुचित है।

व्यावहारिक रूप से इसका अर्थ होगा कि हम निष्पक्ष भाव से अपने शब्दों पर डटे रहें और जिस बात पर विश्वास रखते हों, उसे पूरा समर्थन दें। इसका यह भी अर्थ है कि हम चोरी या ठगी से बाज आएँ, अपने ही लाभ के लिए लोगों का नाजायज लाभ उठाना बंद करें और लोगों के बीच दरार न डालें।

ईमानदारी का अर्थ होगा—हम नेक काम करें और नेक इनसान बनें, भले ही इसके लिए हमें अपने कल्याण और सुख का भी त्याग क्यों न करना पड़े। यदि हम ऐसा नहीं करते तो यह व्यक्तिगत और सामूहिक रूप से हतोत्साहित करनेवाला तथा कष्टकारी होगा—कलह व संघर्ष का कारण!

ईमानदारी का एक अर्थ यह भी है कि आपको जो भी विश्वास के साथ सौंपा जाए, उसका दुरुपयोग न करें। उसके प्रति अपशब्दों का प्रयोग करते हुए उसे व्यर्थ न करें। मिसाल के लिए, हम संसार के प्राकृतिक संसाधनों का नाम ले सकते हैं, जो सारी मानवता के कल्याण के लिए ही दिए गए हैं। जब ये सभी संसाधन लोगों की मानवीय, नैतिक व आध्यात्मिक आवश्यकताओं की संतुष्टि के लिए दिए जाते हैं तो आपस में कल्याण, सामंजस्य तथा एकता का भाव उदय होता है, जो सामाजिक, राजनीतिक तथा आर्थिक स्थिरता का आधार है।

जो लोग विकास तथा प्रगति के लिए गहराई से वचनबद्ध होते हैं, वे ईमानदारी को अपने प्रयासों का एक निरंतर चलनेवाला अंग बनाए रखते हैं, ताकि भ्रष्टाचार से मुक्त, शांति व प्रचुरता-संपन्न विश्व की रचना की जा सके।

मनन बिंदु

1. *ईमानदारी से आप क्या समझते हैं?*
2. *किसी ऐसे व्यक्ति के बारे में विचार करें, जो ईमानदारी का प्रेरणादायी उदाहरण हो। वे इतने विशेष क्यों हैं? उनकी सफलता का रहस्य क्या है?*
3. *आप किन रूपों में अपने व दूसरों के प्रति ईमानदार हैं?*
4. *क्या आपके जीवन में ऐसे कुछ क्षेत्र हैं, जहाँ आप और अधिक ईमानदार होना चाहेंगे? आपको यह सब पाने से कौन रोकता है?*
5. *आप अपने जीवन में बृहत्तर ईमानदारी को विकसित करने के लिए क्या करते हैं?*

□

विनय

जीवन विनय का ही एक लंबा सबक है।

—जेम्स मैथ्यू बेरी

विनय को साकार रूप में पाने का अर्थ होगा कि हम दूसरों को सुनने और स्वीकार करने का प्रयास करें। हम जितना अधिक प्रयास करेंगे, उतना ही हमारा सम्मान बढ़ेगा और हमारी बात बेहतर तरीके से सुनी जाएगी। हमारा विनयपूर्ण एक शब्द हजार शब्दों जितनी शक्ति रखता है।

स्व के स्थिर व आंतरिक सागर में विनय पाया जाता है, जिस प्रकार अन्वेषण के माध्यम से दबे हुए खजाने पाए जा सकते हैं। जब हम अपने आंतरिक जगत् की खोज करते हैं तो हम गहराइयों में दबे रत्न पा सकते हैं और इन गहरे दबे खजानों में जो रत्न सबसे अधिक देदीप्यमान होता है, वह विनय ही है। गहन अंधकार के क्षणों में इसकी किरणें अंधकार को भेद देती हैं। यह भय तथा असुरक्षा को दूर करता है और हमारे सामने सार्वभौमिक सत्यों को उजागर कर देता है।

संरक्षण

विनय इस समझ पर आधारित है कि हमारे पास जो भी है, हमारे जन्म के समय मिले शरीर से लेकर हमारी प्रत्येक अनमोल वस्तु तक पैतृक दाय है और एक मनुष्य के रूप में हम सभी एक समान प्राकृतिक व आध्यात्मिक नियमों के अधीन हैं।

हममें से प्रत्येक आत्म-अन्वेषण की इस यात्रा में एक संरक्षक है और हमारे पास एक योग्यता है, जिसके बल पर हम अपने ही निर्णय ले सकते हैं और अपने कर्मों के परिणामों से सबक पा सकते हैं। हमें इस यात्रा के दौरान जो भी उपहार

दिए गए हैं, हम उनके लिए स्वामित्व का दावा नहीं कर सकते—हमारा लिंग, जाति, छवि, बौद्धिक योग्यता, मूल्य और विशेषताएँ। हालाँकि अपने इन उपहारों को पहचानना तथा सराहना अच्छी बात है; परंतु इसके साथ ही हमें इनके प्रति कृतज्ञता दरशाते हुए इन्हें इस रूप में प्रयोग करना चाहिए कि ये हमारे तथा दूसरों के लिए कल्याणकारी हो सकें।

हम अपनी चेतना से यह अनुभव करते हैं कि हम इतने असीम व शाश्वत संसाधनों के संरक्षक हैं तो इससे हमारी आत्मा जाग्रत् होती है और उसे यह बोध हो जाता है कि जिस प्रकार जन्म के समय ये संसाधन दिए गए थे, उसी प्रकार मृत्यु के समय हमसे इन्हें वापस ले लिया जाएगा। जब हमारी मृत्यु होगी तो हमारे साथ केवल यही भाव होगा कि हमने इन संसाधनों व विवेक का कैसा उपयोग किया और एक संरक्षक के रूप में कैसी भूमिका का निर्वाह किया। एक संरक्षक की चेतना के साथ हमारे स्वाभिमान में वृद्धि होती है और संबंधों में सुधार होता है। इससे मौन रूप से मनन को प्रोत्साहन मिलता है और हमें जीवन को एक बेहतर दृष्टिकोण से देखते हुए अपने आपसे, दूसरों से तथा इस जगत् से संबंध बनाने का अवसर मिलता है।

'मैं' और 'मेरा' को दूर करना

लगभग प्रत्येक संघर्ष के मूल में मैं और मेरा की चेतना ही छिपी होती है। किसी भी विचार, विश्वास, भूमिका, गतिविधि, वस्तु, व्यक्ति और यहाँ तक कि भौतिक देह से भी मोह पैदा होता है। तब हम उसे संरक्षण देने के लिए किसी भी सीमा तक चले जाते हैं। प्राय: हम उन सभी तर्कों व सार्वभौमिक मूल्यों को भी उपेक्षित कर देते हैं, जो हमारे जीवन को सार्थकता व अर्थ प्रदान करते हैं।

विनय के कारण हम किसी भी बात को आसानी से त्यागने व भूलने का गुण भी सीखते हैं। इस तरह हम अपने अहं व दंभ से परे जाकर स्वामित्व के भाव को मिटा सकते हैं और संकीर्ण दायरे से बाहर आ सकते हैं, जो भौतिक, बौद्धिक व भावात्मक सीमाएँ रचकर हमारे स्वाभिमान को नष्ट करते हुए हमें स्वयं से ही दूर कर देता है। विनय, स्वयं से पहले दूसरों को रखते हुए, संबंधों में आए अंतराल को भरने का प्रयास करता है।

विनय हमें आत्मनिर्भर, लोच-युक्त व अनुकूलन के योग्य बनाता है। हम दूसरों की बात सुनने तथा उसे स्वीकार करने का प्रयत्न करते हैं। हम जितना अधिक प्रयास करेंगे, उतना ही हमारा सम्मान बढ़ेगा और हमारी बात बेहतर तरीके से सुनी जाएगी।

हम जिस सीमा तक विनय को अपनाते हैं, उसी सीमा तक दूसरों के हृदय में हमारी महानता का स्तर बढ़ता जाता है।

सेवा भाव

दूसरों की सेवा के लिए विनय भाव एक अनिवार्य गुण है। हमारा विनय जितना अधिक होगा, हमारी सफलता उतनी ही अधिक होगी। हम विनय के अभाव में न तो संसार की रक्षा कर सकते हैं और न ही सभ्य समाज की रचना कर सकते हैं। दूसरों की सेवा करना तभी प्रभावी हो सकता है, जब हम—

1. स्वयं को एक संरक्षक या साधक मानें;
2. उन व्यक्तियों को स्वीकारने की पहल करते हैं, जो हमसे बहुत अलग हों।

जब हम विनय का गुण अपनाते हैं तो भले ही कोई वातावरण कितना भी नकारात्मक क्यों न हो, हम उसमें काम करने योग्य हो जाते हैं। हमारा रवैया, हमारा दृष्टिकोण, शब्द, संपर्क तथा संबंध एक आमंत्रण देते हुए आत्मीय, सहज व सुखद वातावरण सृजित करते हैं। हमारे शब्द सार्थक, शक्तिशाली व शिष्टाचार-युक्त होते हैं और हम अपने कुछ ही शब्दों से सामनेवाले के क्रोध को गायब कर सकते हैं। हमारा विनयपूर्ण एक शब्द हजार शब्दों जितनी शक्ति रखता है।

मानवीय मेल-जोल के ऊँचे ज्वार के बीच विनय एक प्रकाश-स्तंभ का कार्य करता है। यदि मन व बुद्धि स्पष्ट हों तो विनय हमें एक अनासक्त निरीक्षक बनने में सहायक होता है। हम तसवीर का बड़ा पक्ष देख पाते हैं; परिस्थितियों, बाधाओं व कठिनाइयों को देख पाते हैं और फिर भी शांत बने रहते हैं। जब हम कोई मत प्रकट करते हैं तो हमारा नजरिया संकीर्ण नहीं होता और हम अपनी एवं दूसरों की खूबियों, ताकतों व संवेदनशीलताओं को भी पूरी पहचान व मान्यता दे पाते हैं।

प्रकृति के साथ हमारे संबंधों के लिए भी विनय एक अनिवार्य कारक के रूप में कार्य करता है। संरक्षक होने के नाते हम प्रकृति के नियमों का आदर करते हैं और हमें यह बोध भी होता है कि यदि हम दंभपूर्वक प्राकृतिक पर्यावरण को नष्ट करते रहे तो पूरे संसार तथा मानव जाति को इसका कष्ट भोगना होगा।

मनन बिंदु

1. *आपके अनुसार विनय से क्या तात्पर्य है?*
2. *किसी ऐसे व्यक्ति के बारे में विचार करें, जो विनय का साक्षात्*

उदाहरण रहा हो। वे आपके लिए विशेष क्यों हैं? उनकी सफलता का रहस्य क्या है?

3. आप किन उपायों से अपने जीवन में विनय के मूल्य का प्रदर्शन करना चाहेंगे?
4. क्या आपके जीवन में ऐसे कुछ क्षेत्र हैं, जिनमें आप और अधिक विनयी होना चाहेंगे? ऐसा क्या है, जो आपको विनयी होने से रोकता है?
5. आप अपने जीवन में महान् विनम्रता का गुण कैसे पा सकते हैं?

□

प्रेम

हम उस समय की प्रतीक्षा में हैं, जब प्रेम की शक्ति—शक्ति के प्रति प्रेम का स्थान ले लेगी। तब हमारा जगत् शांति के वरदान को जान जाएगा।

—विलियम ई. ग्लैडस्टोन

प्रेम ही वह नियम है, जो हमारे संबंधों को रचता है तथा बनाए रखता है, उन्हें मर्यादा व गहनता प्रदान करता है। आध्यात्मिक प्रेम हमें मौन के साम्राज्य में ले जाता है और उस मौन में लोगों को एक करते हुए मार्गदर्शन देने तथा मुक्त करने की क्षमता विद्यमान है। प्रेम ही वह विश्वास है, जिसके आधार पर हम व्यक्ति तथा प्रत्येक आत्मा को समान भाव से देखते हैं। विश्वास-युक्त प्रेम पहल तथा कदम उठाने के लिए एक सशक्त आधार प्रस्तुत करता है।

प्रेम केवल एक इच्छा, आवेग या किसी वस्तु या व्यक्ति के प्रति गहन भाव नहीं, बल्कि एक चेतना है, जो निस्स्वार्थ होने के साथ-साथ आत्मसंतुष्टि प्रदान करने का कारण भी देती है।

प्रेम प्रत्येक वस्तु तथा व्यक्ति के लिए शुभ कामना एवं शुभ भावनाएँ रखता है। प्रेम सत्य से प्रवाहित होता है, जो आध्यात्मिक विवेक है। विवेक पर आधारित प्रेम अंध प्रेम नहीं, बल्कि सच्चा प्रेम होता है।

प्रेम के रहस्यों की तलाश करने का अर्थ होगा कि आप जीवन के रहस्यों को अपने सामने आता देख रहे हैं।

शाश्वत ज्योति

मनुष्य व्यवहार के एक ऐसे ढाँचे में उलझ गए हैं, जिसने प्रेम के मूल्य को विकृत

किया है और भावनाओं तथा मंशा के बिना दूसरे पर विश्वास करने की प्रवृत्ति को भी ठेस पहुँचाई है। एक क्षण में हमें प्रेम होता है और दूसरे ही क्षण वह प्रेम तिरोहित हो जाता है और हम गहन पीड़ा व दुःख के बीच खोकर रह जाते हैं। मानो हमारी बुद्धि ने प्रेम के उस शाश्वत स्रोत से अपना संपर्क खो दिया हो और अस्थायी स्रोतों से सहयोग लें रहा हो। परिणामवश, उस शाश्वत स्रोत से शक्ति व सहयोग लेने की बजाय हम सच्चे प्रेम के लिए तरसते ही रह जाते हैं और पीड़ा व दुःख में निमग्न होकर उसकी तलाश करते रह जाते हैं।

संसार ईश्वर को प्रेम के शाश्वत स्रोत, प्रेम के सागर तथा शाश्वत ज्योति के रूप में जानता है। ईश्वर से हमें निस्स्वार्थ प्रेम मिलता है, जो कभी समाप्त न होने वाला असीम तथा असाधारण स्रोत है।

- कभी समाप्त न होनेवाला, अक्षय—शाश्वत, निरंतर आलोकित और संपूर्ण रूप से उपलब्ध;
- असीम—सीमाओं व प्राथमिकताओं से रहित, जो संस्कृति, जाति या वंश से परे सभी आत्माओं को अपना स्नेही स्पंदन प्रसारित करता है;
- असाधारण—ईश्वर की उस प्रेम रूपी अग्नि में हृदय तथा आत्मा विशुद्ध हो जाते हैं।

जब हम ध्यान के माध्यम से इस प्रेम को पाते हैं तो पुनः उस शाश्वत संबंध से नाता जोड़ लेते हैं। जब हम ईश्वरीय प्रेम का अनुभव करते हैं, सत्य की शाश्वत ज्योति में एकाकार होते हैं तो हम असत्य से परे हो जाते हैं और सार्वजनीन बंधुत्व का पहला पाठ पढ़ते हैं—हम सभी एक ही माता-पिता की संतान हैं। हम सभी भाई-बहन हैं, एक ही परिवार का अंश हैं। यह समझ ही आध्यात्मिक प्रेम का आधार है।

सच्चे प्रेम का आधार

व्यक्तियों के बीच आध्यात्मिकता ही सच्चे प्रेम का आधार है। जब हम दूसरे व्यक्ति को आध्यात्मिक व्यक्ति के रूप में देखते हैं तो उसकी वास्तविकता को जान पाते हैं। इसी सजगता को बनाए रखने से एक आध्यात्मिक संबंध उपजता है, जिसमें प्रत्येक व्यक्ति अपने भीतर से संपूर्ण होता है, पूरी तरह से स्वतंत्र होते हुए भी भीतर से जुड़ाव रखता है और एक-दूसरे में इसी अवस्था को पहचानता है। फलस्वरूप, निरंतर व स्वाभाविक प्रेम उत्पन्न होता है।

ऐसा प्रेम अनंत होता है, क्योंकि आत्मा कभी नहीं मरती। ऐसा प्रेम आनंद

प्रदान करता है, जबकि इससे मोह के कारण दुःख उत्पन्न होता है।

प्रेम ही परिवर्तन, विकास तथा उपलब्धि का प्रमुख स्रोत या उत्प्रेरक है।

सच्चे प्रेम की उपस्थिति में बाहरी या भीतरी द्वेष, घृणा, क्रोध या ईर्ष्या का प्रश्न ही नहीं पैदा होता। नकारात्मक भाव सकारात्मक भावों में बदल जाते हैं और नियंत्रणकारी प्रवृत्तियों के स्थान पर दयालुता, दूसरों के प्रति देख-रेख, आपसी समझ तथा सामंजस्य का भाव आ जाता है।

प्रेम की सहजता

आध्यात्मिक प्रेम का अर्थ है कि हम दूसरों के दोषों पर ध्यान न दें। इसकी बजाय हमें अपने दोषों को घटाने पर ध्यान केंद्रित करना चाहिए। इसकी विधि यही है कि हम प्रतिदिन अपना निरीक्षण करें और यह देखें कि हमने दूसरों को दुःख देने के स्थान पर प्रसन्नता बाँटने की सहज आदत को किस सीमा तक अपनाया है।

सच्चे प्रयास का अर्थ यही होगा कि हम प्रेम की राह में आनेवाली दुर्बलता को हटा दें।

दूसरों के साथ हम अपने संबंधों में केवल सकारात्मकता के सिवा न तो कुछ देखते हैं और न ही कुछ सुनते हैं। हम उनके प्रति गहरे सम्मान का भाव रखते हैं। अगर अनिवार्य लगे तो हम प्रेम की भावना तथा शब्दों की शक्ति में भी सुधार की संभावना रखते हैं। हमें इन दोनों के बीच संतुलन लाना होगा। यदि हमारे शब्दों में बहुत अधिक बल हो या बहुत प्रेम हो तो परिणाम सुखद नहीं रहते। अगर शब्द कटु होंगे तो दूसरा व्यक्ति अपमानित होकर हमसे दूर जा सकता है। जब हमारा संतुलन उचित होता है तो दूसरा व्यक्ति करुणा, दया व कल्याण के भाव को अनुभव करता है—संदेश कितना भी चुनौतीपूर्ण या शक्तिशाली क्यों न हो, यह उनके हृदय को छुएगा और उन्हें परिवर्तन के लिए प्रेरित करेगा।

जब हमारे भीतर आध्यात्मिक प्रेम की अग्नि धधक उठती है तो हम संकल्प-शक्ति का अभ्यास आरंभ कर देते हैं, ताकि हम अल्पकालिक संतोष की सीमाओं से मुक्त हो सकें। हम एक ऐसा आंतरिक मंच तैयार करने के लिए समय तथा प्रयास का निवेश करते हैं, जहाँ हमारे मुख एवं प्रत्येक गतिविधि से प्रेम ही झलकता है। जब हमें यह एहसास होता है कि हम अकेले नहीं, तो हमारा मन भी बार-बार विचलित नहीं होता। हम प्रतिकूल परिस्थितियों से घबराते नहीं और कठिनाइयों व कष्टों को उन अवसरों के रूप में देख पाते हैं, जो हमारी आंतरिक शक्ति व संसाधनों के माध्यम से प्रेम उत्पन्न करने में सहायक होते हैं। हम किसी

भी विशेष व्यक्ति या वस्तु अथवा काम से दूर जाने की बजाय उसे सबके लिए कल्याणकारी रूप में देख पाते हैं। हमारे मन में यह विश्वास होता है कि हम अपने प्रयास के बल पर एक महत्त्वपूर्ण तथा लाभदायक बदलाव ला सकते हैं।

हम प्रेम करने का जितना अधिक प्रयास करते हैं, उतना ही अधिक प्रेम पाते हैं।

हमारा स्नेही दृष्टिकोण रवैए तथा कर्मों के बल पर सारे संसार को रूपांतरित कर सकता है।

मनन बिंदु

1. ***प्रेम से आपका क्या तात्पर्य है?***
2. ***किसी ऐसे व्यक्ति के बारे में बताएँ, जो आपके लिए प्रेम का अनुकरणीय उदाहरण रहा हो। वह इतना विशेष क्यों है? उसकी सफलता का रहस्य क्या है?***
3. ***आप अपने जीवन में स्नेह का प्रदर्शन कैसे करते हैं?***
4. ***क्या आपके जीवन में कुछ ऐसे क्षेत्र हैं, जिनमें आप और अधिक स्नेही होना चाहेंगे? ऐसा क्या है, जो आपको स्नेही बनने से हतोत्साहित करता है?***
5. ***आप अपने जीवन में महानतम प्रेम कैसे पा सकते हैं?***

□

शांति

हमें एक-दूसरे को क्षमा करना होगा, तभी हम शांति से जी सकेंगे।

—लिओ टॉलस्टॉय

शांति अपने विशुद्ध रूप में एक आंतरिक मौन है, जो सत्य की शक्ति से परिपूर्ण है। शांति एक सभ्य समाज की प्रमुख विशेषता है और किसी भी समाज के सदस्यों की सामूहिक चेतना के माध्यम से उसका चरित्र जाना जा सकता है।

शांति की चुनौती स्वयं किसी प्रश्न से कम नहीं है। वह प्रश्न है, 'क्या मनुष्य स्वभाव से ही हिंसक है या अहिंसक?' यदि उत्तर हिंसा है तो शांति के अस्तित्व का प्रश्न ही नहीं पैदा होता। शांति इतनी भ्रामक हो चली है कि लोग अब इसके अस्तित्व को भी भूलने लगे हैं। मन की शांति के बारे में बात तो सभी करते हैं, परंतु इसका वास्तव में अर्थ क्या है?

शांति क्या है?

शांति एक सकारात्मक व शक्तिशाली गुणवत्तापूर्ण ऊर्जा है, जो निरंतर एक अक्षय स्रोत से प्रसारित होती रहती है। शांति शुद्ध विचारों, भावनाओं तथा कामनाओं के मेल से बनी है। यह कलह के खोल को भेदती है और स्वभाववश स्वचालित रूप से व्यक्तियों तथा वस्तुओं को संतुलित रूप में ले आती है। यह मानवीय संबंधों पर मलहम की तरह काम करती है और कठिन समय में शक्ति व सहजता का स्रोत बनती है।

भय व तनाव, नापसंद व अरुचि का अभाव तथा सद्भाव, स्नेहपूर्ण दयालुता

की उपस्थिति ही शांति है। यह सौम्य सजगता का एक रूप है, जो दूसरों को परखने या उनकी आलोचना करने के स्थान पर उन्हें समझते हुए आरोग्य प्रदान करता है।

आत्मा की मूल विशेषता

स्व जीवंत संसाधनों का कोष है, जिनमें से शांति भी एक है। यदि हम शांति को मनुष्य की आत्मा की मूल विशेषता के रूप में मान्यता देना चाहते हैं तो इसके लिए बाहर तलाश करनी बंद करनी होगी। शांति के शाश्वत व असीम स्रोत के माध्यम से हमारे अपने स्रोत मौन शक्ति से लबालब भर उठते हैं। शांति अपने विशुद्ध रूप में एक आंतरिक मौन है, जो सत्य की शक्ति से परिपूरित है।

शांति की शक्ति को अभ्यास में लाने के लिए हमें आध्यात्मिकता के आधारभूत नियमों को समझना व स्वीकार करना होगा, अपने भीतर झाँकना होगा, ताकि हम पूरे साहस, उद्‌देश्य व अर्थ के साथ बाहर की ओर देख सकें।

इस प्रक्रिया का पहला चरण यही है कि हम अपनी भावनाओं, विचारों तथा उद्‌देश्यों का उत्तरदायित्व लें तथा उनका सावधानी से निरीक्षण करें। एकांत मनन व ध्यान के माध्यम से हम आंतरिक स्व के द्वार खोल सकते हैं तथा उन रवैयों व व्यवहार के ढाँचों को पहचानकर स्पष्ट कर सकते हैं, जो विनाशक होते हैं तथा कलह व दु:ख का कारण बनते हैं। इस तरह हम उन्हें आसानी से बदल सकते हैं।

जब हमारे विचारों, शब्दों व कर्मों की ऊर्जा संतुलित व स्थिर होती है, हम अपने स्व, संबंधों तथा संसार के प्रति शांति का अनुभव करते हैं। हम किसी भी परिस्थिति में शांत, सहज व अनुकूल बने रहते हैं और ऐसे बाहरी व भीतरी प्रभावों के लिए प्रतिक्रिया नहीं देते, जो हमारे मन की शांति को भंग कर सकते हैं।

अपने एवं दूसरों तथा प्रकृति के प्रति अहिंसा का भाव ही शांति का आधार है।

शांति एक निरंतर अभ्यास है, जो धैर्य, करुणा, स्वीकृति व क्षमा जैसे गुणों का आश्रय लेती है। यदि हम अशांति में वास करनेवाले वासना, क्रोध, लोभ, मोह व अहं के आध्यात्मिक रोगों से छुटकारा पाना चाहते हैं तो हमें अपनी इंद्रियों को वश में रखना सीखना होगा।

शांति का संदेशवाहक बनना सरल नहीं होता। इसके लिए निरंतर आंतरिक

शक्ति, आत्मानुशासन, संकल्प तथा साहस की आवश्यकता होती है, ताकि आप सारी भीड़ से हटकर खड़े हो सकें।

शांति की खोज

लोग एक श्वास में शांति की कामना करते हैं और दूसरी श्वास में आहत करनेवाले शब्दों का प्रयोग करते हैं। व्यर्थ की गप्पबाजी से अशांति व क्रोध फैलता है। अशांति प्रारंभ में कुछ क्रोध-युक्त व कठोर विचारों से आरंभ होती है, जो शब्दों में प्रकट होते हैं और कुछ प्रसंगों में, अनियंत्रित हिंसा में भी बदल जाते हैं।

लोग कहते हैं कि वे संसार में शांति पाना चाहते हैं; परंतु वे कैसी शांति की कामना करते हैं? वे शांति की बात तो करते हैं, परंतु इसे लाने का उत्तरदायित्व किसका है? क्या कोई अशांत व्यक्ति शांति लाने का स्रोत बन सकता है? शांति पाने के लिए लड़ना किसी विरोधाभास से कम नहीं है।

किसी भी कार्य की प्रामाणिकता किसी व्यक्ति की प्रामाणिकता पर निर्भर करती है।

सबसे सामान्य रूप में परिवार, कार्य, सामाजिक व अन्य उत्तरदायित्वों से उत्पन्न तनाव व दबाव के रूप में अशांति को अनुभव कर सकते हैं। अपने और अधिक गंभीर रूप में अशांति ब्रेकडाउन, लत, अपशब्द, अपराध, भावात्मक असंतुलन तथा मनोदैहिक रोगों के रूप में प्रकट होती है। हालाँकि आधुनिक चिकित्सा विज्ञान ने तनाव के लक्षणों से मुक्त होने में सहायता प्रदान की है। मनोविज्ञान ने मन की गुत्थियों को समझने में सहायता दी है; परंतु एक क्रियाशील तथा सशक्त आध्यात्मिकता की आवश्यकता निरंतर अनुभव की जा रही है, जो व्यक्ति को शांत व सहज मानसिक अवस्था प्रदान कर सके।

मनुष्य की आंतरिक विशेषताओं तथा विचार शक्ति को संसार और उसकी बढ़ती माँगों से निपटने के लिए सबसे उपयोगी साधन माना जा रहा है। स्वास्थ्य की संपूर्ण जाँच की जाने लगी है, जिसमें आरोग्य की प्रक्रिया के लिए भौतिक व आध्यात्मिक दोनों प्रकार की ऊर्जा पर ध्यान दिया जा रहा है। यदि शारीरिक स्वास्थ्य बना हुआ हो तो भी आध्यात्मिक संसाधनों को बेहतर बनाया जाता है, ताकि समस्याओं का समाधान पाने के कौशलों तथा अंत:परस्पर संबंधों को निखारा जा सके।

क्रोध को वश में करना

शांति के अनेक शत्रुओं में से क्रोध का भी नाम ले सकते हैं। यह किसी वायरस की तरह हम सबके दिलो-दिमाग में रहता है और हलकी कुढ़न से लेकर उग्र क्रोध तक कोई भी रूप ले सकता है। द्वेष और मानसिक व्यथा के चलते हम स्वयं को लोगों, परिस्थितियों या दशाओं के प्रति सक्रिय या निष्क्रिय भाव से प्रतिक्रिया देते पाए जाते हैं, जिससे अतीत की पीड़ा मुखर हो उठती है।

आग को बुझाने के लिए आग का प्रयोग नहीं किया जा सकता। इसके लिए हमारे पास बेहतर उपाय भी हैं। जिस प्रकार क्रोध का बल बूँद-बूँद कर संचित हुआ है, उसी प्रकार हमारे पास शांति का बल भी तो है। यदि हम स्वयं को आरोग्य प्रदान करना चाहते हैं तो हमें अपने भीतर बसी पीड़ा को पूरे साहस व ईमानदारी के साथ स्वीकार करना होगा और उसे त्यागना होगा। इस प्रक्रिया में हमें विवेक, धैर्य, प्रेम, करुणा, आपसी समझ, क्षमा तथा दयालुता का अभ्यास करना होगा।

जब हम क्रोध, पीड़ा व दुःख के स्थान पर शांति के पथ का अनुकरण करते हैं तो हमें विश्व शांति के प्रति योगदान देने का अद्भुत अवसर प्राप्त होता है। जिस प्रकार सरोवर में कंकड़ उछालने से तरंगें उठती हैं, उसी प्रकार हमारे उदाहरण से दूसरे व्यक्ति भी प्रेरित होते हैं। हम अपनी कथनी व करनी को एक करते हुए जीवन में बहुत बड़ा बदलाव ला सकते हैं; सही मायनों में बुद्ध बन सकते हैं।

शांति का वचन

शांति एक आधारशिला है, जिस पर हम एक स्वस्थ व क्रियाशील समाज की नींव रख सकते हैं। शांति ही एक सभ्य समाज की प्रमुख विशेषता है और किसी भी समाज के सदस्यों की सामूहिक चेतना के माध्यम से उसका चरित्र जाना जा सकता है। एक सभ्यता स्वर्ग या नरक हो सकती है, जो उसके सदस्यों की सामूहिक चेतना पर निर्भर करता है। चेतना ही संस्कृति के नियम, मूल्यों व तंत्रों को विकसित करती है और चेतना ही संस्कृति का रूपांतरण भी कर सकती है।

वर्तमान समय में सारा संसार विश्व शांति के लिए गुहार लगा रहा है। हम वास्तव में संघर्ष, गलतफहमियों, अज्ञान तथा दुराग्रहों के ऐसे युग में जी रहे हैं, जहाँ आपस में लड़ाई-झगड़ा, आलोचना, शिकायत करना, दूसरों को दोष देना

एक आम बात हो गई है। अनेक असहाय व्यक्ति निराश होकर यह मानने लगते हैं कि वे शोषक समाज का शिकार हो रहे हैं, जो उनके नियंत्रण से परे जान पड़ता है और उन्हें भीतर से किसी को आहत करने की तीव्र इच्छा उत्पन्न होती है।

प्रत्येक स्थान पर राजनेता व नीति-निर्माता शांति को बनाने तथा बनाए रखने के लिए दृढ संकल्पित हैं। पूरे संसार में शांति कायम रखने के लिए बहुत बड़ी संख्या में मानवीय संसाधन तथा शोध किए जा रहे हैं। यहाँ तक कि शांति के क्षेत्र में काम करनेवाले लोगों को पुरस्कार भी दिए जाते हैं। शांति के मूल्य पर बल दिया जाता है, क्योंकि चारों ओर शांतिहीनता का साम्राज्य है। इसने हमारे जीवन को इस तरह छिन्न-भिन्न कर दिया है कि हम कल्पना तक नहीं कर सकते।

शांति : आशा की एक किरण

शांति का वचन हमें आशा की किरण तो देता है, परंतु कभी-कभी इसे पारे की तरह हमारे हाथ से ओझल होते देर भी नहीं लगती। हम मानव सभ्यता के दोराहे पर खड़े हैं। एक ओर सबकुछ तेजी से विलीन हो रहा है। युद्ध, गृह युद्ध, दंगे तथा आतंकवाद ने सारे विश्व को हिलाकर रख दिया है। वहीं दूसरी ओर एक लगभग अदृश्य मेल-जोल या एकत्रीकरण, विकल्पों व संभावनाओं का मेल करते हुए सारे बिखरे टुकड़ों को सहेजने के प्रयास में है।

हमें समाज के सामाजिक, आर्थिक, राजनीतिक व अन्य परिदृश्यों में शांति को वापस लाने के लिए इसे दो स्तरों पर देखना होगा—बाहरी व भीतरी।

शांति की शिक्षा, संघर्ष के समाधान तथा शांति से जुड़ी सभी पहलों को व्यक्तिगत चेतना तथा विश्व शांति के बीच के नाजुक संपर्क को बड़ी गंभीरता से लेना चाहिए। कार्यक्रमों व परियोजनाओं में व्यक्तिगत शांति, शांति से जुड़े व्यावहारिक उपायों, जानकारी से जुड़े पहले कदमों, प्रत्येक के हृदय के भीतर बसी शांति की स्वीकृति व अनुभव आदि पर बल दिया जाना चाहिए; चाहे हम कितने भी क्रोधी, घृणित या हत्यारे क्यों न दिखाई दें।

अंततः, शांति तभी प्राप्त होगी, जब सारे मन व मस्तिष्क एक साथ शांति के एक अक्षय स्रोत पर केंद्रित व स्थिर होंगे। तब मौन से एक संदेश मुखरित होकर गूँज उठेगा—'विश्व शांति की घोषणा की जाती है।'

मनन बिंदु

1. *शांति से आपका क्या तात्पर्य है?*
2. *किसी ऐसे व्यक्ति के बारे में बताएँ, जो आपके लिए शांति का अनुकरणीय उदाहरण रहा हो। वह इतना विशेष क्यों है? उसकी सफलता का रहस्य क्या है?*
3. *आप अपने जीवन में शांति का प्रदर्शन कैसे करते हैं?*
4. *क्या आपके जीवन में कुछ ऐसे क्षेत्र हैं, जिनमें आप और अधिक शांत होना चाहेंगे? ऐसा क्या है, जो आपको शांत होने से हतोत्साहित करता है?*
5. *आप अपने जीवन में महानतम शांति कैसे पा सकते हैं?*

□

सम्मान

जब आप स्वयं से संतुष्ट होते हैं और किसी से तुलना या प्रतियोगिता नहीं करते तो प्रत्येक व्यक्ति आपका सम्मान करेगा।

—लाओत्से

यदि आप सम्मान पाना चाहते हैं तो आपको अपनी क्षमता को मान देने के साथ-साथ दूसरे की क्षमता को भी मान देना होगा। किसी व्यक्ति के या सामूहिक रूप से अंतर्जात अधिकारों व क्षमता को मान्यता प्रदान करना ही सम्मान है। इन्हें एक प्रमुख केंद्र के रूप में मान्यता दी जानी चाहिए, जो लोगों को वचनबद्धता से जीवन के उच्चतम उद्देश्य तक ले जाता है।

सम्मान का अर्थ यही है कि आप वास्तव में किसी व्यक्ति या वस्तु को पूरा मान दे रहे हैं, उनकी अंतर्जात क्षमता को सम्मान देते हुए सराह रहे हैं। सारा सम्मान स्व से आरंभ होता है। उस शक्ति व असीम संभावना को पहचानकर सम्मान देना, जिसे 'अंतिम सीमा' का नाम दिया जाता है—शरीर के भीतर अपने स्व का चमत्कार तथा रहस्य। इसे ही हम प्रकाश बिंदु, दैवी चिनगारी, उच्चतर चेतना, जीवनी शक्ति, आत्मा आदि के नाम से जानते हैं।

आत्म-सम्मान की मूल अवस्था इसी आंतरिक स्व की सजगता पर आधारित है, जो एक असाधारण तथा अनमोल सत्ता है। यह जब शरीर में प्रवेश करती है तो संपूर्ण तथा शक्ति-संपन्न होती है। यह एक विशुद्ध ऊर्जा है, जिससे शांति, प्रेम व आनंद ही परिलक्षित होता है। इसमें कोई अभाव नहीं होता। यह एक चमचमाते सितारे या जगमगाते हीरे की तरह देदीप्यमान होती है।

समय के इस क्षण में हो सकता है कि हम स्वयं को अपनी इस उन्नत अवस्था में विमुख पा रहे हों, जो कि हमारे अवचेतन मन में कहीं गहराई तक दबी

है। हालाँकि ध्यान, मनन व प्रार्थना के माध्यम से इसे पुनः स्मरण किया जा सकता है और हम पुनः इस आंतरिक सत्य से संपर्क साधते हुए अपने जीवन में प्रकट हो सकते हैं।

जब हम इस उन्नत चेतना या आत्मबोध के संपर्क में आते हैं तो हम अपनी आत्मा तथा आंतरिक संपूर्णता व समग्रता पर विश्वास करने लगते हैं। यही सही मायनों में आत्मसम्मान है। यह विश्वास इस सोच पर आधारित नहीं कि हम क्या करते हैं। यह इस सोच पर टिका होता है कि हम क्या हैं। यह न केवल हमारे अपने प्रति, बल्कि सारी मानवता के प्रति हमारे दृष्टिकोण को बदल देता है, जो अपने रंग, जाति या व्यवहार में अंतर के बावजूद एक जैसी आध्यात्मिक प्रकृति को प्रश्रय देता है।

सभी बाहरी मतभेदों के तले हम सभी आध्यात्मिक बंधु हैं।

चुनौती

आत्मसम्मान ही आत्मविश्वास तथा स्वाभिमान का आधार है। यह हमें हमारे अधिकारों के लिए खड़े होने का साहस देता है और अनिवार्य होने पर उनके लिए लड़ने का साहस भी देता है। यह हमें भय या बलपूर्वक बनाए गए संबंधों की बजाय आपसी समानता और सम्मान पर आधारित प्रसन्नतादायक व स्वस्थ संबंध विकसित करने का अवसर प्रदान करता है। जब हम अपनी सच्ची क्षमता को जान लेते हैं तो हमें किसी को प्रभावित करने, किसी से प्रतियोगिता करने या किसी पर मालिकाना हक जताने की आवश्यकता नहीं रहती। हम अपने दोषों को घमंड, झूठे दर्प या चापलूसी से ढँकने का प्रयास नहीं करते। हम अपनी ओर से बेहतरीन प्रयास करते हैं; क्योंकि हमें ऐसा करने को विवश नहीं किया जाता, बल्कि हम स्वयं ऐसा करना चाहते हैं।

जब हम अपने आप को संतुष्ट व भरा-पूरा महसूस करते हैं तो दूसरों की असाधारण क्षमता को भी सराहते हैं और उन्हें पूरा अधिकार देते हैं कि वे भी अपनी तरह से जी सकें। किसी बाग के भिन्न-भिन्न फूलों की तरह हम सभी को खिलने का पूरा अधिकार है। ऐसी मानसिकता सफलता का पूरा आश्वासन देती है और इसी आधार पर आश्वस्त भी करती है कि हमारी तथा दूसरों की अंतर्जात अच्छाई देर-सबेर प्रकट अवश्य होगी।

जब हमारी तथा दूसरों की मूल प्रकृति की सजगता का अभाव होता है तो उससे संघर्ष उत्पन्न होता है। ऐसा तब होता है, जब हम अपने आत्मसम्मान के

स्थान को त्याग देते हैं।

जब हम स्व को आत्मसम्मान से हटा देते हैं तो वह शून्य विविध प्रकार की इच्छाओं व अपेक्षाओं से भर जाता है, जो दूसरों से सम्मान पाने का दावा करती हैं। जब हम आंतरिक शक्तियों के स्थान पर बाहरी बलों पर निर्भर हो जाते हैं तो हम अपने सम्मान को भौतिक व सांसारिक कारकों में तौलने लगते हैं; जैसे—छवि, आय, स्तर व लोकप्रियता आदि। उस समय 'मैं' और 'मेरा' ही सबकुछ हो जाते हैं। हम इन अस्थायी कारकों के आधार पर अपने सम्मान को जितना अधिक मापते जाते हैं, दूसरों से पहचान पाने की इच्छा उतनी ही बढ़ती जाती है और हम अपनी व दूसरों की नजरों से उतना ही गिरते जाते हैं।

यदि हम सही मायनों में सम्मान पाना चाहते हैं तो हमें अपनी क्षमता को जानने के बाद दूसरे व्यक्ति की सच्ची क्षमता को भी मान देना होगा। चूँकि यह पक्ष विशुद्ध क्षमता से संबंध रखता है, अत: दूसरे भी स्वाभाविक रूप से इसकी प्रामाणिकता व गंभीरता को जान लेते हैं। समानता के दर्शन व प्रवृत्ति के अनुसार आध्यात्मिकता को बाँटा जाना चाहिए। आपस में बाँटने से एक अपनेपन का भाव विकसित होता है, मानो हम सभी एक परिवार का ही अंग हों।

यदि हम स्वयं को आत्मसम्मान की उन्नत अवस्था में स्थिर रखें तो दूसरों का सम्मान भी किसी परछाईं की तरह हमारा पीछा करेगा।

अपने भीतर सम्मान के ऐसे भाव को पैदा करना और अपने रोजमर्रा के जीवन में प्रकट करना किसी चुनौती से कम नहीं है। जीवन के संवेदनशील क्षणों में ही बाधाएँ हमारे आत्मविश्वास व स्वाभिमान की परीक्षा के लिए सामने आती हैं। ऐसी परिस्थितियों में सच्चे स्व की जानकारी पर आधारित आत्मविश्वास व विशुद्ध अवलोकन ही आशावादी तथा आत्मविश्वासी रवैए के साथ समाधान प्रस्तुत कर सकता है।

सम्मान तथा विनय

विनय सच्चे आत्मसम्मान का साथी है। हालाँकि हम अपने मूल स्वभाव को सराहते हैं और उसका आनंद उठाते हैं; परंतु हम जिस तरह अपने लंबे या सुंदर होने का श्रेय लेते हैं, उस प्रकार इसके लिए श्रेय नहीं ले सकते। हम जैसे हैं, वैसे ही हैं। जब स्व के लिए सम्मान के साथ विनय का भी संतुलन होता है तो हम वैयक्तिकता को मान दे पाते हैं और विविधता को सराहते हैं, भले ही वह राजनीतिक हो, धार्मिक हो या सांस्कृतिक। विनय तथा आत्मसम्मान का यह संतुलन ही निस्स्वार्थ

सेवा के रूप में सामने आता है। हम अज्ञान या दंभवश ऐसे काम करते चले जाते हैं, जिससे दूसरों की असाधारणता खंडित होती है और उनके बुनियादी अधिकारों का हनन होता है। ऐसा रवैया दूसरों के साथ-साथ हमें भी आहत करता है।

हमारे स्व तथा सामूहिक रूप से अंतर्जात क्षमता एवं अधिकारों के प्रति मान्यता प्रदान करना ही सम्मान है। इन्हें प्रमुख केंद्र के रूप में मान्यता दी जानी चाहिए, ताकि लोगों को जीवन में उच्चतर उद्देश्य पाने के लिए प्रतिबद्ध किया जा सके।

जीवन की प्रतिष्ठा प्रत्येक में विद्यमान है और प्रत्येक मनुष्य को यह अधिकार है कि वह पूरे सम्मान तथा मर्यादा के साथ जीवित रह सके।

प्रकृति के प्रति सम्मान

मनुष्य की आत्मा के रहस्य व भव्यता की तुलना केवल प्रकृति की शक्ति व कीर्ति से ही हो सकती है। प्रकृति की प्रचुरता व सौंदय तथा इसके पूरी तरह से लय-युक्त, अंतःपरस्पर तंत्रों का विस्मय, जिन पर हम अपनी उत्तरजीविता व कल्याण के लिए आधारित रहते हैं—वे संपूर्ण रूप से हमारे सम्मान, प्रशंसा व आभार के अधिकारी हैं। हालाँकि शहरीकरण के बलों, औद्योगिकीकरण तथा निर्दयी उपभोक्तावाद ने हमारे बीच के बंधन को तोड़ दिया है और हमारे व्यवहार से स्पष्ट होने लगा है कि हमारे भीतर धरती के, इसके सागरों, पशु व पादप साम्राज्य के प्रति सम्मान का भाव नहीं रहा। परिणामों की परवाह किए बिना, लगभग हर वस्तु का अंधाधुंध दोहन जारी है। ऐसे अनादर तथा प्रकृति के नियमों के विरुद्ध कार्य करने से विशाल पर्यावरणीय असंतुलन सामने आ रहे हैं तथा अनेक प्राकृतिक आपदाएँ सिर उठा रही हैं। जब हम पदार्थ की शाश्वत ऊर्जा के प्रति सम्मान तथा आदर का भाव रखेंगे, केवल तभी संबंध में सुधार होगा और तत्त्व पूरी सटीकता व प्रचुरता के साथ मानवता की सेवा करेंगे।

मनन बिंदु

1. ***सम्मान से आपका क्या तात्पर्य है?***
2. ***किसी ऐसे व्यक्ति के बारे में बताएँ, जो आपके लिए सम्मान का अनुकरणीय उदाहरण रहा हो। वह इतना विशेष क्यों है? उसकी सफलता का रहस्य क्या है?***
3. ***आप अपने जीवन में अपने लिए, दूसरों के लिए तथा प्रकृति के लिए***

सम्मान का प्रदर्शन कैसे करते हैं?

4. *क्या आपके जीवन में कुछ ऐसे क्षेत्र हैं, जिनमें आप और अधिक सम्मानपूर्ण होना चाहेंगे? ऐसा क्या है, जिसके कारण आप इसे करने के लिए हतोत्साहित अनुभव करते हैं?*
5. *आप अपने जीवन में सम्मान के मूल्य को कैसे विकसित कर सकते हैं?*

□

उत्तरदायित्व

जब आप दूसरों को दोष देते हैं तो बदलाव लाने की शक्ति को खो देते हैं।

—एनन

एक जिम्मेदार व्यक्ति अपने लक्ष्य के प्रति सच्चा रहते हुए अपना कर्तव्य निभाता है। उसके कर्तव्य पूरी सत्यनिष्ठा तथा उद्देश्य भाव के साथ निभाए जाते हैं।

परिस्थितियाँ, आवश्यकताएँ तथा चुनाव हमें निश्चित स्थितियों तथा भूमिकाओं में डालते हैं। हमारा नैतिक उत्तरदायित्व बनता है कि हम उस भूमिका को स्वीकारें, जो हमें सौंपी गई है। हमें कभी कोई और बनने या किसी और स्थान पर होने की इच्छा नहीं रखनी चाहिए; परंतु जो भी आवश्यक हो, उसे पूरे उत्तरदायित्व के साथ स्वीकारना चाहिए, सच्चे अंतःकरण के साथ निभाना चाहिए और पूरी सत्यनिष्ठा तथा उद्देश्य भाव के साथ अपनी योग्यता का प्रदर्शन करना चाहिए।

हमारा पहला उत्तरदायित्व

हमारा पहला कर्तव्य और उत्तरदायित्व अपने लिए बनता है। हमें अपने जीवन के लिए उत्तरदायित्व लेना होगा—विचारों, शब्दों तथा इस शरीर द्वारा किए जानेवाले सभी कामों के लिए उत्तरदायित्व लेना होगा।

यदि हम स्वयं अपनी देख-रेख नहीं करेंगे तो कौन करेगा? यदि हम स्वयं को आध्यात्मिक, मानसिक, भौतिक व भावात्मक स्तर पर स्वस्थ नहीं रखेंगे तो कौन रखेगा? इस तरह हम पूरी सकारात्मकता के साथ अपने बाकी उत्तरदायित्वों को पूरा निभाते हुए संसार, परिवार, मित्रों एवं इससे परे अपना योगदान कैसे दे सकेंगे?

यदि हम इस जगत् में सकारात्मक बदलाव का साधन बनना चाहते हैं तो हमें एक मिसाल बनना होगा और अपने व दूसरों के साथ स्नेही संबंध विकसित करने होंगे, जो ईमानदारी, सम्मान तथा पुस्तक में वर्णित अन्य मूल्यों पर आधारित हों। जब हम अपनी आंतरिक शक्ति को एकत्रित करने के बाद स्वयं को बाहरी नकारात्मक प्रभावों से बचा लेंगे और विशेष रूप से स्वयं को आधुनिक उपभोक्तावाद तथा तकनीक के आकर्षणों व विकर्षणों से दूर रख सकेंगे तो हम वही बदलाव पा लेंगे, जिसे हम देखना चाहते हैं।

उत्तरदायित्व का निर्वाह

जीवन में निजी दायित्व अनेक अपेक्षित व अनपेक्षित स्रोतों से आता है और इसमें हिस्सेदारी, भागीदारी, प्रतिबद्धता व सहयोग शामिल है। सामाजिक व वैश्विक उत्तरदायित्व के लिए भी न्याय, मानवता तथा बिना किसी भेदभाव के सभी मनुष्यों के अधिकारों के प्रति सम्मान का भाव होना आवश्यक है।

कुछ लोग उत्तरदायित्व को एक भार के रूप में लेते हैं और वे इसे किसी दूसरे की समस्या मानते हुए अपने साथ उसका संबंध ही नहीं देख पाते।

एक उत्तरदायी व्यक्ति पूरी प्रेरणा व प्रोत्साहन के साथ अपने लक्ष्य के प्रति सच्चा रहते हुए कर्तव्य का निर्वाह करता है। जब हमारे भीतर एक साधन या माध्यम होने की चेतना जाग्रत् होती है तो हम अपनी भूमिका के प्रति सहज व तटस्थ रहते हैं। हम अनासक्त भाव से यह जानते हैं कि हमें क्या करना चाहिए। जब हम अपनी भूमिका का पूरी सटीकता व प्रभावोत्पादकता से निर्वाह करते हैं तो इसके परिणामस्वरूप अपने महत्त्वपूर्ण योगदान के कारण हम स्वयं को संतुष्ट व भरा-पूरा महसूस करते हैं।

प्रायः उत्तरदायित्व निभाते समय विनय की आवश्यकता होती है, ताकि हम अहं से उत्पन्न बाधाओं का सामना कर सकें। उदाहरण के लिए, जिम्मेदारी निभाने का अर्थ यह नहीं होता कि हम परिणाम को ही वश में कर लें। जिम्मेदारी निभाने का अर्थ होगा कि हमारे पास यह परिपक्वता हो कि हमें किस समय अपनी जिम्मेदारी किसी दूसरे के हाथों में सौंप देनी चाहिए। जब हम जिम्मेदारी के साथ बहुत अधिक मोह पाल लेते हैं तो वह भी सफलता की राह में एक बड़ी बाधा बन जाता है। आवश्यकता से अधिक कर्तव्यनिष्ठ होने से हमारे मन में चिंता, भय तथा संशय उत्पन्न होता है, जो हमारी निर्णय निर्धारण क्षमता को प्रभावित करता है, जिसके कारण हानिकारक परिणाम सामने आते हैं।

आपसी सहयोग अनिवार्य है

जिम्मेदार व्यक्ति दूसरों के सहयोग के साथ कार्य करते हैं। यह सभी कामों के लिए सत्य है; परंतु उन क्षेत्रों में वे विशेष रूप से मिलकर कार्य करते हैं, जो दूसरों के जीवन को भी प्रभावित करते हों। उत्तरदायी व्यक्ति सदा यही मानकर चलते हैं—

- प्रत्येक व्यक्ति के पास कोई-न-कोई योग्यता या गुण अवश्य होता है।
- परिस्थिति को प्रतियोगी दशाओं की अपेक्षा आपसी सहयोग की आवश्यकता होती है।

उत्तरदायी व्यक्ति हीनता या उच्च बोध के जाल में नहीं फँसते। वे यह जानते हैं कि अधिकतम परिणाम के लिए किसी एक व्यक्ति, समूह या केवल एक देश पर निर्भर नहीं रहा जा सकता।

उत्तरदायित्व का अर्थ है कि हम अपने समय व संसाधनों का प्रबंधन इस प्रकार करें कि आवश्यक बदलावों के साथ अधिकतम परिणाम अर्जित किए जा सकें।

जब हम समाज या विश्व के प्रति उत्तरदायी चेतना के साथ निर्णय लेते हैं तो इससे निस्स्वार्थ भाव से किए जानेवाले कार्यों को प्रोत्साहन मिलता है। दूसरों के अधिकारों के लिए उत्तरदायित्व लेते समय हमें उपलब्ध संसाधनों के अतिरिक्त मानसिक, भौतिक व आध्यात्मिक संपदा को भी प्रभावी तथा समान रूप से प्रयोग में लाना होगा।

यदि हम लापरवाही, भ्रष्टाचार, लोभ, न्याय के अभाव के साथ कार्य करेंगे तो हो सकता है कि कुछ क्षेत्रों या व्यक्तियों के हाथ कुछ न लगे, कुछ को पर्याप्त न मिले और मनुष्य के जीवन तथा प्राकृतिक संसाधनों की अनावश्यक रूप से हानि हो।

जवाबदेही

जब लोग व्यक्तियों या संसार के सुधार के लिए कार्य करते हैं तो उन्हें एक आंतरिक सहयोग तंत्र की आवश्यकता होती है; जैसे ध्यान या मनन, ताकि वे सफलता के लिए आवश्यक गुणों व अभ्यासों को अपने भीतर समाहित कर सकें। यह निश्चित रूप से रोल मॉडलों के लिए भी सच है; जैसे माता-पिता, शिक्षक, धार्मिक व राजनीतिक नेता, महान् हस्तियाँ व नेता। ये नियमों को गढ़ने में सहायक होते हैं, जो समाज के ताने-बाने को विशेष रूप से प्रभावित करते हैं।

शिक्षण का एक नियम यह भी हो सकता है कि हम जिनका सम्मान व प्रशंसा करते हों, उनके वास्तविक जीवन के अनुभवों तथा व्यवहार का निरीक्षण करें। अब रोल मॉडलों का यह उत्तरदायित्व बनता है कि वे इस सम्मान को स्वीकार करते हुए मिसाल बनने की जिम्मेदारी लें। उनकी भूमिका जितनी बड़ी होगी, उनकी ओर से यह जिम्मेदारी उतनी ही बढ़ेगी और वे दूसरों के जीवन को प्रभावित करेंगे।

अधिकार के साथ ही उत्तरदायित्व होता है और इसी अवधारणा के साथ क्रिया व प्रतिक्रिया का नियम लागू होता है। यह जीवन एक कर्मभूमि है और इस क्षेत्र में हमें अपनी भूमिका पूरी जिम्मेदारी व जवाबदेही के साथ निभानी चाहिए।

प्रत्येक व्यक्ति अपने आप में एक पूरे संसार की तरह है। हमें अपने संसार का निरीक्षण करते हुए इसमें अधिकारों तथा उत्तरदायित्वों का संतुलन बनाए रखना चाहिए। जब हम अधिकार रूपी रत्नों से जटित उत्तरदायित्व का मुकुट धारण करते हैं तो हम पूरे संसार पर सकारात्मक प्रभाव रखते हुए सफलता रूपी सितारे बनकर जगमगा उठते हैं।

मनन बिंदु

1. *उत्तरदायित्व से आपका क्या तात्पर्य है?*
2. *किसी ऐसे व्यक्ति के बारे में बताएँ, जो आपके लिए उत्तरदायित्व का अनुकरणीय उदाहरण रहा हो। वह इतना विशेष क्यों है? उसकी सफलता का रहस्य क्या है?*
3. *आप अपने जीवन में अपने लिए, दूसरों के लिए तथा प्रकृति के लिए उत्तरदायित्व के मूल्य का प्रदर्शन कैसे करते हैं?*
4. *क्या आपके जीवन में कुछ ऐसे क्षेत्र हैं, जिनमें आप और अधिक उत्तरदायी होना चाहेंगे? ऐसा क्या है, जिसके कारण आप इसे करने के लिए हतोत्साहित अनुभव करते हैं?*
5. *आप अपने जीवन में उत्तरदायित्व के मूल्य को कैसे विकसित कर सकते हैं?*

□

सादगी

सादगी व शुद्धता रूपी पंखों के साथ मनुष्य धरती तथा अस्थायी प्रकृति से ऊपर की उड़ान भर सकता है।

—थॉमस कैम्पिस

सादगी हमारे निरंतर परिवर्तनशील तथा जटिल जगत् में मानसिक शांति व स्पष्टता लाती है। सादगी ही वह अंतःकरण है, जो हमें हमारे मूल्यों पर पुनः विचार करने को विवश करता है।

सादगी पवित्र मूल से आरंभ होती है। यह आध्यात्मिक मूल्यों व गुणों की संपदा है, जो हमारी प्रवृत्ति, शब्दों, गतिविधियों व जीवन-शैली से व्यक्त होती है। सादगी एक स्वाभाविक गुण है। यह बहुत ही साधारण होती है और उन व्यक्तियों को बहुत ही आम दिख सकती है, जिनका नजरिया कृत्रिम हो गया है। परंतु जो एक कलाकार की तरह विशुद्ध अंतर्दृष्टि रखते हों, उनके लिए यह सौंदर्य व सत्य का सार है।

सादा जीवन, उच्च विचार

सादगी का अर्थ है कि आपके पास एक शुद्ध व स्पष्ट मन तथा बुद्धि हो। सादगी के साथ मधुरता और विवेक का मेल भी होना चाहिए। जब हम सादगी के साथ जीते हैं तो हम अनावश्यक और जटिल चिंतन से मुक्त होते हैं; हमारी बुद्धि सजग व स्पष्ट होती है और हमारे भीतर सुस्पष्ट विचारों तथा समानुभूतिपरक भावनाओं को रचने का सहज ज्ञान तथा अंतर्दृष्टि प्राप्त होती है। सादगी में अहं के लिए कोई स्थान नहीं होता। हम स्वामित्व की भावना का त्याग करने तथा भौतिक इच्छाओं से मुक्त होने के योग्य होते हैं, जो हमारी बुद्धि को विकृत करते हुए इस

विस्मय को व्यर्थ कर देती हैं। जब हमारे मन में कोई इच्छा नहीं रहती तो इसका अर्थ यह नहीं कि हमारे पास कुछ नहीं होगा। इसके विपरीत, हमारे पास आंतरिक संतोष सहित सबकुछ आ जाता है। यह हमारे चेहरे पर झलकता है—दुर्बलता, क्रोध व विचलन से परे। हमारा व्यवहार भी पूरी तरह से गरिमामयी तथा राजसी जान पड़ता है और हम किसी बालक की तरह अबोध हो जाते हैं। सादगी में एक अबोध बालक तथा बुद्धिमान स्वामी दोनों ही शामिल हैं। यह हमें सादा जीवन और उच्च विचार का पाठ पढ़ाता है।

जो लोग सादगी से भरा जीवन जीते हैं, उनका प्रकृति से भी गहरा नाता होता है। उनके नैतिक मूल्य शाश्वत परंपराओं पर टिके होते हैं, जो प्राकृतिक नियमों के अनुसार संचालित होते हैं। वे सुबह उठते हैं तथा सूर्योदय के बाद विश्राम करते हैं। वे सूर्य की स्थिति से समय का अनुमान लगाते हैं और चंद्र की कलाओं के अनुसार शुभ दिन व मुहूर्त निश्चित करते हैं। जड़ी-बूटियाँ ही उनकी कुदरती दवाएँ होती हैं, घर के पिछले आँगन में उगी साग-सब्जी उनका बाजार और चाँद-सितारे उनके रातों के बल्ब होते हैं। प्राकृतिक जगत् ही उनके जीवन की कक्षा है। इसका अर्थ यह नहीं कि हम सबको ऐसी ही जीवन-शैली अपना लेनी चाहिए। हालाँकि कुदरत हमें बहुत से सबक सिखाती है।

जब सादगी के नियमों का पालन होता है तो कुछ भी व्यर्थ नहीं जाता।

सभी संसाधनों, समय, विचारों, उपायों, ज्ञान, धन तथा कच्ची सामग्री को निवेश माना जाना चाहिए, ताकि उसका सार्थक उपयोग हो सके। हम अधिक किफायत और थोड़ी धूमधाम के साथ एक सहज जीवन-शैली अपना सकते हैं, जिसमें कम ही अधिक माना जाता है।

सादगी से उदारता जन्म लेती है

जब हम अपने संसाधनों को बहुत ही देख-रेख के साथ बाँटते हैं तो मानवीय गतिविधि में परिवार के अर्थ को नई परिभाषा देते हैं। यद्यपि सादगी को धन तथा भौतिक साधनों के वितरण से कहीं अधिक माना जाना चाहिए। आपको अपने स्व का त्याग करना है, जो अनमोल है—अपना धैर्य, मित्रता व प्रोत्साहन बाँटना है। जब पूरी दयालुता, मुक्त मन तथा विशुद्ध मंशा के साथ अपना समय दूसरों को देते हैं, कोई अपेक्षा या शर्त नहीं रखते तो हमें अपने उदार कर्मों के इस बीज से प्रचुर मात्रा में फल की प्राप्ति होती है।

सौंदर्य सत्य है

सादगी सत्य है। सत्य का सौंदर्य बहुत सादा। यह किसी कीमियागीरी की तरह काम करता है। भले ही इसके सामने कितने भी रूप क्यों न आ जाएँ, सत्य के प्रकाश को छिपाया नहीं जा सकता। यह लोगों तक सरल भाषा में जाएगा, किंतु इसका संदेश बहुत ही गहन होगा।

सत्य के संदेशवाहक सदा साधारण रूप में रहते हैं, सादा जीवन जीते हैं और अपना संदेश देने के लिए सादे उपाय ही प्रयोग में लाते हैं। वे अपने सत्य के साथ ही जीते हैं और दूसरों के जीवन में भी आशा, स्पष्टता तथा सुंदरता का संचार करते हैं। उनकी सादगी व भव्यता की तुलना एक सुवर्णकार से की जा सकती है, जो हर रत्न को निर्दोष रूप में गढ़ता है और अनमोल हीरा तराशने के बाद भी सादा इनसान ही बना रहता है।

आजकल फैशन व सौंदर्य उद्योग सुंदरता की परिभाषा देते हैं, धानी-मानी उसका विस्तार करते हैं और जनता उसे स्वीकार करती है। हालाँकि सुंदरता का सादा रूप यही है कि महँगे कपड़ों तथा जीवन-शैली के दंभ को भी त्याग दिया जाए। यह धनी तथा निर्धन से परे है। जीवन की ऐसी छोटी बातों को सराहना ही सादगी है, जो संभवत: शेष जगत् को दिखाई ही न देती हों।

अपने व दूसरों के आंतरिक सौंदर्य को सराहना, निर्धन व बदतर व्यक्तियों के मूल्य को भी मान देना ही सही मायनों में सादगी है। इसके अनुसार हर काम को पूरा मान दिया जाता है, भले ही वह दिखने में कितना भी छोटा क्यों न हो।

सादगी की नीति

सादगी की नीति ही चिरस्थायी विकास की पूर्ववर्ती है। सादगी हमें किफायत सिखाती है। हम अपने जीवन की माँगों के लिए पूरी तरह से ईमानदार व स्पष्ट होते हैं। सादगी व अंत:करण ही है, जो हमें हमारे मूल्यों पर पुन: विचार करने के लिए विवश करता है और अनावश्यक उत्पादों की खरीद के समय हमें सावधान भी करता है।

कहा गया है कि धरती के पास पर्याप्त संसाधन हैं। वह हमारी जरूरतें तो पूरी कर सकती है, परंतु हमारे लोभ को पूरा करना उसके वश में नहीं है (गांधी)। मनोवैज्ञानिक प्रलोभनों से कृत्रिम माँगें सामने आती हैं।

जब हमारे मन में अनावश्यक वस्तुओं को पाने की इच्छा पैदा होती है तो मूल्यों का लोभ, भय, साथियों के दबाव तथा एक झूठी पहचान पाने की इच्छा से

टकराव होता है। किसी भी चीज की अति से सबकुछ व्यर्थ होता चला जाता है। हालाँकि निश्चित अर्थव्यवस्था पाने के लिए ऐसी पहल को विकसित किया जा सकता है, परंतु दूसरी अर्थव्यवस्थाओं को निर्धनता के गर्त में धकेलने की कीमत पर ऐसा नहीं किया जाना चाहिए।

यदि किसी की प्रचुरता व वैभव के लिए कुछ लोगों को जबरन त्याग करना पड़े तो इसे एक नियम नहीं, बल्कि एक अन्याय माना जाएगा, जिसके हम सबके लिए राजनीतिक, पर्यावरणीय तथा आर्थिक रूप से गंभीर परिणाम आ सकते हैं।

सादगी पाने और न पाने के बीच के अंतराल को भरने का प्रयास करती है और साथ ही सच्ची अर्थव्यवस्था के तर्क का भी प्रदर्शन करती है, जिसमें कमाने, बचाने, निवेश करने के साथ-साथ बलिदान व समृद्धि भी साझा होती है, ताकि हर स्तर के व्यक्तियों को एक बेहतर जीवन गुणवत्ता प्रदान की जा सके।

मनन बिंदु

1. *सादगी से आपका क्या तात्पर्य है?*
2. *किसी ऐसे व्यक्ति के बारे में बताएँ, जो आपके लिए सादगी का अनुकरणीय उदाहरण रहा हो। वह इतना विशेष क्यों है? उसकी सफलता का रहस्य क्या है?*
3. *आप अपने जीवन में अपने लिए सादगी के मूल्य का प्रदर्शन कैसे करते हैं?*
4. *क्या आपके जीवन में कुछ ऐसे क्षेत्र हैं, जिनमें आप और अधिक सादगी से भरपूर जीवन जीना चाहेंगे? ऐसा क्या है, जिसके कारण आप इसे करने के लिए हतोत्साहित अनुभव करते हैं?*
5. *आप अपने जीवन में सादगी के मूल्य को कैसे विकसित कर सकते हैं?*

□

धैर्य

देशों के बीच लोगों का इतिहास परस्पर सहिष्णुता का एक पाठ ही है।

—एमिली जोला

हम आपसी समझ तथा उदार मानसिकता के साथ उन लोगों को अपनी ओर आकर्षित करते हैं, जो हमसे अलग होते हैं और उन्हें पूरी उदारता के साथ प्रशंसा व मान देते हुए हम व्यावहारिक रूप से सहनशीलता का प्रदर्शन करते हैं।

सहिष्णुता या धैर्य एक गहरी समझ, एक आंतरिक ज्ञान पर आधारित है कि मनुष्यों के रूप में हम सभी आपस में भाई–बहन हैं। हम एक ही वैश्विक परिवार का अंग हैं। हम पेड़ के तने, शाखा, पत्तियों आदि की तरह विभिन्न रूपों में परस्पर संबंध रखते हैं।

मनुष्य संसार वृक्ष पर प्रत्येक अंग एक देश का, प्रत्येक शाखा विविध प्रांतों तथा धार्मिक समुदाय व सजातीय दलों का और प्रत्येक पत्ती मनुष्य का प्रतिनिधित्व करती है। जिस तरह एक वृक्ष बीज से वृक्ष बनता है और धरती से अपना पोषण पाता है, उसी तरह मानव वृक्ष भी इसका अपवाद नहीं है। सह–अस्तित्व भी उसी बीज से पनपता है, जिससे जीवन बनता है।

यदि पेड़ के किसी एक अंग को तोड़ा या नष्ट किया जाएगा तो इससे उस पूरे पेड़ को हानि होगी, जिस तरह एक परिवार में कलह और लड़ाई पूरे परिवार पर बुरा प्रभाव डालते हैं।

सह-अस्तित्व

शक्तिशाली सह-अस्तित्व ही सहिष्णुता का उद्देश्य है। सहनशीलता वैयक्तिकता व विविधता को पहचानती है और स्वीकृत करती है। यह झूठे मुखौटों को हटाती है और अज्ञान से उत्पन्न तनाव को नष्ट करती है। यह हमें अनुमति देती है कि हम स्टीरियो टाइप यानी रूढ़िवादियों को पहचानें और लोगों से जुड़े धब्बों को हटाएँ, जो अपनी जाति, राष्ट्रीयता, धर्म, लिंग, लैंगिक रुझान, अयोग्यता तथा पैतृक धरोहर के कारण अलग जान पड़ते हैं।

जिस प्रकार एक माली हर बीज की खूबी को जानते हुए उसके अनुसार ही धरती को तैयार करता है, सहिष्णुता हमें सभी व्यक्तियों की असाधारणता को सम्मान, प्रशंसा व स्वीकृति देने तथा उनसे उचित रूप में पेश आने के योग्य बनाती है। इसी उदारता व समझ के बल पर हम उन लोगों को अपना पाते हैं, जो हमसे अलग हैं और जब हम उन्हें दिल से स्वीकार करते हैं तो हमारा संबंध खिल उठता है।

करुणा व देख-रेख के साथ बोया गया प्रेम ही सहिष्णुता का बीज है। जहाँ कहीं प्रेम का अभाव होगा, वहीं सहनशीलता का अभाव होगा।

हम जितना अधिक स्नेही होते जाते हैं, उस प्रेम में उतनी ही शक्ति का समावेश होता जाता है। उदाहरण के लिए, माता-पिता व बच्चों का स्नेह संबंध ऐसा ही होता है कि माता-पिता अपने बच्चों की सुरक्षा व देख-रेख के लिए किसी भी सीमा तक जा सकते हैं। उन्हें अपनी भी परवाह नहीं रहती और वे प्रेम की शक्ति के बल पर बड़ी-से-बड़ी चुनौती का सामना करने में सक्षम रहते हैं। प्रेम किसी भी बात को सहन करने के योग्य बना देता है।

परिवार की कक्षा में ही सहनशीलता का पहला पाठ पढ़ाया जाता है, जहाँ हमें दूसरों की आवश्यकताओं व इच्छाओं के अनुसार समायोजन करना होता है। पाठशाला दूसरी कक्षा है। जीवन में प्रतिदिन हमारी सहनशीलता की परख होती है। जब हमारे भीतर लोगों तथा परिस्थितियों की प्रशंसा करने की चेतना जाग्रत् होती है तो हमारे लिए उन परीक्षाओं को पार करना आसान होता है। अस्वीकृति हमारे लिए ही हानिकारक हो सकती है। यदि हम अच्छे अंकों से पास होना चाहते हैं तो हमें बचाव की ढाल के रूप में सहनशीलता का अभ्यास करना होगा, ताकि हमारी आंतरिक सुरक्षा अनछुई रहे।

निर्णय-निर्धारण में विवेक

सहनशीलता एक आंतरिक बल है, जो हमें गलतफहमियों और कठिनाइयों का सामना करने तथा उनका रूपांतरण करने के योग्य बनाता है। हम निर्णय-निर्धारण में विवेक का प्रयोग करते हुए ऐसा कर सकते हैं। हम अपने अंतःकरण से जान सकते हैं कि उचित और अनुचित क्या है, किस बात से हमें और दूसरों को अल्पकालीन व दीर्घकालीन लाभ या हानि होगी।

विवेक की शक्ति मन, बुद्धि, भाव तथा तर्क की उथल-पुथल शांत करती है। हम प्रतिक्रिया देने के स्थान पर प्रत्युत्तर देने के योग्य बनते हैं और अपनी आत्मा या दूसरों के साथ हमारा कभी संघर्ष नहीं होता। हम उनसे अपमानित होने के बावजूद अपना आपा नहीं खोते।

आध्यात्मिक ज्ञान तथा अंतर्दृष्टि हमें इस योग्य बना देते हैं कि हम लोगों व हालात से बिल्कुल नहीं घबराते। संशय तथा असंतुष्टि को जन्म देनेवाले नकारात्मक बाहरी स्पंदनों से हमारे मन तथा बुद्धि को मुक्त रखते हैं। हम वस्तुओं को अपने नजरिए से नहीं, बल्कि उनके वास्तविक रूप में देख पाते हैं और इसके साथ ही अनिवार्य कदम उठाना भी सरल हो जाता है।

जब हम सहनशील होते हैं तो फलों से लदे उस वृक्ष के समान होते हैं, जो पत्थर खाने या लाठियों से पीटे जाने पर भी बदले में फल ही देता है।

समायोजन की योग्यता

कुछ परिस्थितियाँ निश्चित रूप से धैर्य की माँग रखती हैं; जैसे जलवायु की अति तथा शारीरिक पीड़ा के विविध स्तर। भले ही आधुनिक चिकित्सा जगत् ने मनुष्य की पीड़ा को घटाने में अहम भूमिका निभाई है, परंतु वह इसे पूरी तरह से समाप्त नहीं कर सका। किसी-न-किसी स्तर पर हम सबके लिए सहिष्णुता एक अनिवार्य शक्ति के रूप में सामने आती है।

सहनशीलता के बल पर हम रोजमर्रा के जीवन से जुड़ी समस्याओं से भी बेहतर समायोजन कर पाते हैं, जैसे यातायात का जाम होना या गाड़ियों का रद्द होना आदि। इस तरह हम छोटी-छोटी बातों से ऊपर उठकर अपने आपको मुक्त करते ही हैं, साथ ही दूसरों के लिए भी वातावरण को सहज बना देते हैं। हमारा सहज रवैया दूसरों को भी ऐसा ही करने के लिए प्रेरित करता है। राई का पहाड़ बनता है और तिल का ताड़ हो जाता है।

मनन बिंदु

1. *सहनशीलता से आपका क्या तात्पर्य है?*
2. *किसी ऐसे व्यक्ति के बारे में बताएँ, जो आपके लिए सहनशीलता का अनुकरणीय उदाहरण रहा हो। वह इतना विशेष क्यों है? उसकी सफलता का रहस्य क्या है?*
3. *आप अपने जीवन में अपने लिए सहनशीलता के मूल्य का प्रदर्शन कैसे करते हैं?*
4. *क्या आपके जीवन में कुछ ऐसे क्षेत्र हैं, जिनमें आप और अधिक सहनशीलता से भरपूर जीवन जीना चाहेंगे? ऐसा क्या है, जिसके कारण आप इसे करने के लिए हतोत्साहित अनुभव करते हैं?*
5. *आप अपने जीवन में सहनशीलता की शक्ति को कैसे विकसित कर सकते हैं?*

□

एकता

दूसरों के विचारों के पीछे न जाएँ। अपने भीतर से उठ रहे अंत:करण के स्वर को सुनना सीखें। आपका मन व शरीर स्पष्ट होंगे और आप सभी वस्तुओं की एकता को अनुभव कर सकेंगे।

—डोगन

किसी समूह में व्यक्तियों का आंतरिक सामंजस्य ही एकता है। एकता को बनाए रखने के लिए अपने लक्ष्यों पर विचारों को केंद्रित तथा ऊर्जा को एकाग्र रखना सीखें। दूसरे भागीदारों के प्रभावशाली प्रदर्शन को सराहें व स्वीकारें और यह मानें कि प्रत्येक व्यक्ति असाधारण प्रदर्शन दे सकता है। आप सभी न केवल परस्पर, बल्कि कार्य के प्रति भी निष्ठावान् रहें।

दूसरे व्यक्तियों के साथ मेल-जोल ही एकता है। हमारी बुनियादी आवश्यकताओं में से एक आवश्यकता यह भी है कि हम अपनेपन के भाव को अनुभव करें, स्वयं को एक समग्र का हिस्सा अनुभव कर सकें। हमें बिल्कुल अच्छा नहीं लगता कि हमें सारी दुनिया से काटकर अलग कर दिया जाए। हम बाहरी दुनिया के साथ अपना जुड़ाव रखना चाहते हैं। हम प्राकृतिक रूप से ही सामाजिक प्राणी हैं और दूसरे व्यक्तियों व संस्कृतियों के विषय में कौतूहल भाव रखते हुए उनके प्रति हुए अन्याय व पीड़ा के प्रति सहानुभूतिपूर्ण व्यवहार रखते हैं। हम परिवार के स्वाभाविक मेल-जोल का हिस्सा बनना चाहते हैं या किसी कार्यक्षेत्र या राजनीतिक दल के साथ मिलकर चलना भी पसंद करते हैं, जहाँ हमें परस्पर बात करने, एक-दूसरे को समझने तथा मदद करने का अवसर मिलता है। देशों तथा अन्य व्यक्तियों पर भी यही बात लागू होती है। चेतन या अवचेतन रूप से हम सभी एक साथ मिलकर काम करना ही पसंद करते हैं।

आपस में साझे दर्शन, आशा, लुभावने उद्देश्य या दूसरों के कल्याण की इच्छा के साथ ही एकता का भाव पैदा होता है। यह हमें इस योग्य बनाता है कि हम अपनी सीमित माँगों व इच्छाओं से ऊपर उठें और एक साथ मिलकर असंभव को संभव कर दिखाने का साहस व बल दिखा सकें। यदि संकल्प व इरादा पक्का हो तो एकता के बल पर बड़े-से-बड़ा काम भी सरल हो जाता है।

एकता की महानता यही है कि इसमें प्रत्येक व्यक्ति को सम्मान दिया जाता है। एकता से सह-अस्तित्व का अनुभव प्राप्त होता है, कार्य के लिए उत्साह में वृद्धि होती है और सारा वातावरण शक्तिशाली व सक्षम हो जाता है।

समानता व एकता की भावना तथा सार्वजनीन नियमों में गुँथे नेक मूल्यों से एकता में स्थिरता की भावना आती है।

सामंजस्य में

किसी भी समूह में सामंजस्य ही बाहरी व भीतरी एकता का आधार होता है। उदाहरण के लिए, यदि किसी संगीतज्ञ को सारे दल के साथ बैठकर संगीत बजाना हो तो उसे पहले अकेले में अभ्यास करना होता है। ठीक उसी प्रकार, अगर हम अपने समूह में प्रभावशाली भूमिका निभाना चाहते हैं तो हमें अपने द्वारा दिए जानेवाले योगदान के विषय में एकांत में मनन करना चाहिए और यह देखना चाहिए कि हमारी क्षमता, संभावना, विशेष प्रतिभा, विशेषता तथा समय व ऊर्जा इस विषय में क्या मायने रखते हैं। व्यक्तिगत रूप से प्रभावोत्पादकता के लिए हमारे उद्देश्य तथा मंशाओं में स्पष्टता व स्वच्छता होनी चाहिए। अपने भीतर की ओर देखने से अपने शब्दों, विचारों तथा कर्मों को सामंजस्य के भीतर लाने में मदद मिलती है और हम समूह की आवश्यकताओं व माँगों के अनुरूप बन पाते हैं। ऐसा व्यक्तिगत मेल-जोल सही राह पर चलने में सहायक होता है।

एकता को बनाए रखने के लिए

- अपने लक्ष्यों पर विचारों को केंद्रित तथा ऊर्जा को एकाग्र रखें।
- दूसरे भागीदारों के प्रभावशाली प्रदर्शन को सराहें व स्वीकारें और यह मानें कि प्रत्येक व्यक्ति असाधारण प्रदर्शन दे सकता है।
- परस्पर तथा कार्य के प्रति निष्ठावान् रहें।

ऐसे सकारात्मक केंद्र के साथ अनेकता में एकता का अनुभव होता है और

चूँकि एकता सशक्त निजी प्रतिबद्धता तथा सामूहिक उपलब्धि को प्रेरित करती है, इसीलिए तो सुंदर नृत्य या संगीत का प्रदर्शन सामने आता है।

अनेकता के कारण

असम्मान का एक भी भाव एकता को नष्ट कर सकता है। दूसरों के मामले में हस्तक्षेप करना, अरचनात्मक आलोचना करना, किसी पर नजर रखना या दूसरों को अपने वश में रखने का प्रयत्न करना आदि ऐसे कड़े तार हैं, जो हमारे संपर्कों व संबंधों पर कड़ी मार करते हैं। अहं के अन्य रूप जैरो दूसरों के दोष निकालना, पहचान पाने की भूख, ईर्ष्या, असुरक्षा तथा संशय भी एकता की राह में बाधा बनते हैं। कभी-कभी छोटे-छोटे मामलों में भी हम जल्दी से परेशान या आक्रामक हो जाते हैं या हिंसा पर उतर आते हैं, जिसके कारण हम अपने समूह से विलग हो सकते हैं। आपस में वैर-भाव तथा कलह उत्पन्न हो सकती है। उस समय अपने उन संबंधों को नए सिरे से सहेजना बहुत आवश्यक हो जाता है।

जब भाई ही शत्रु लगने लगें, जीवंत ऊर्जा दिशाहीन हो जाए तो एकता के महल को भरभराते देर नहीं लगती। सामूहिक तौर पर एक वैश्विक परिवार के रूप में हमें गृह युद्ध, सजातीय संघर्ष, निर्धनता, भूख तथा मानव अधिकारों के हनन के शत्रुओं के खिलाफ खड़ा होना भी चुनौतीपूर्ण लगने लगता है।

आंतरिक केंद्र

पूरे संसार में एकता का आरंभ हमारी व्यक्तिगत चेतना से ही होगा। हमें अपनी बुद्धि को संघर्ष तथा भ्रम से परे ले जाना होगा और निरंतर आंतरिक बल व आत्मसम्मान का भंडार एकत्रित करना होगा। ऐसा आंतरिक केंद्र हमें सबसे अलग नहीं करता, बल्कि बाकी सबके और निकट ले आता है। उसी निकटता में, उसी मानवता के बीच नेतृत्व करने तथा बुनियादी व रचनात्मक रूपांतरण को बनाए रखने की सामूहिक शक्ति उत्पन्न होती है।

जब हम बदलेंगे तो संसार बदलेगा और शांति व सामंजस्य का नवीकरण होगा।

मनन बिंदु

1. *एकता से आपका क्या तात्पर्य है?*
2. *किसी ऐसे व्यक्ति के बारे में बताएँ, जो आपके लिए एकता का*

अनुकरणीय उदाहरण रहा हो। वह इतना विशेष क्यों है? उसकी सफलता का रहस्य क्या है?

3. *आप अपने जीवन में अपने लिए एकता के मूल्य का प्रदर्शन कैसे करते हैं?*
4. *क्या आपके जीवन में कुछ ऐसे क्षेत्र हैं, जिनमें आप एकता से भरपूर जीवन जीना चाहेंगे? ऐसा क्या है, जिसके कारण आप इसे करने के लिए हतोत्साहित अनुभव करते हैं?*
5. *आप अपने जीवन में एकता की शक्ति को कैसे विकसित कर सकते हैं?*

□

भाग-2

इस विषय में विचार करें

इतिहास के इस काल में हमें किसी भी चीज को व्यक्तिगत रूप से नहीं लेना चाहिए, बिल्कुल भी नहीं। हम जिस क्षण में ऐसा करेंगे, हमारी आध्यात्मिक वृद्धि तथा यात्रा उसी समय थम-सी जाएगी।

अब अकेले रहने का वक्त नहीं रहा।

आप सब एकत्र हों।

अपने रवैए और शब्द भंडार से 'संघर्ष' शब्द को निकाल दें। हमें केवल इतना करना है कि जो भी करें, उसे पवित्र उत्सव के रूप में करें।

हम उनमें से हैं, जो आपकी प्रतीक्षा कर रहे हैं।

—एल्डर्स ऑफ होपी नेशंस

व्यक्तिगत परिवर्तन व रूपांतरण के साधन

यह विभाग व्यक्तिगत रूप से केंद्रित होते हुए भाग-1 में दी गई अवधारणाओं को संपूर्ण रूप में दरशाता है। सकारात्मक परिवर्तन के लिए कुछ उपायों का वर्णन करते हुए ऐसे साधन उपस्थित करता है, जिन्हें वर्तमान तथा भविष्य में प्रयोग में लाया जा सकता है।

निम्नलिखित निरीक्षण, अंतर्दृष्टि तथा अभ्यास हमें इस योग्य बनाते हैं कि हम स्वयं को बदलने के लिए मन की शक्ति का प्रयोग कर सकें और इसे वास्तव में घटित कर सकें।

हमारे पास मन को बदलने के अनेक तरीके हो सकते हैं, ताकि हम स्वयं के तथा दूसरों के जीवन में बदलाव ला सकें। यह चुनाव वास्तव में बहुत ही तीव्र है और खतरा इसी बात का है कि कहीं हम अंत में उनमें से किसी का भी प्रयोग न कर सकें।

ऐसा न हो, इसे करने के लिए—

- शांत भाव से बैठें।
- अपने ध्यान को भीतर ले जाएँ।
- अपने अंतर्मन से कहें, 'मुझे अपने जीवन के इन क्षणों में किस विधि को प्रयोग में लाना चाहिए'।
- उसके साथ प्रयोग करें।
- उसे अपनी आदत बनने तक प्रयोग में लाएँ।
- इसके बाद दूसरी विधि पर आ जाएँ।

तीन 'ए' याद रखें

वे तीन हैं—बीईंग अवेक, अवेयर एंड पेइंग अटेंशन (सचेत व सजग रहें तथा ध्यान दें)। ये ही आंतरिक शांति व प्रसन्नता का आधार होने के साथ-साथ एक सफल व प्रसन्नतादायक जीवन जीने की कुंजी भी हैं।

सचेत या जागरूक रहें

भारत में कुंभकर्ण की कथा सुनाई जाती है। वह राक्षस था, जो साल में छह माह सोता था और छह माह तक जागता था। वह एक नगर के समीप रहता था, जिस पर एक बार शत्रु की सेना ने धावा बोल दिया। नागरिकों ने शत्रुओं से जम कर लोहा लिया, परंतु वे उनका कुछ नहीं बिगाड़ सके। अब वे पराजित होने के कगार पर आ गए थे। केवल कुंभकर्ण ही उनकी एकमात्र आस था, जो अकेला ही अपने बल पर शत्रुओं को पराजित कर सकता था। लोगों ने उसे उठाना चाहा, हिलाया-डुलाया, उस पर चिल्लाए, उस पर पानी फेंका। वह अपनी नींद से हलका सा जगता और फिर दोबारा गहरी नींद में सो जाता। उसे हिलाने व जगाने और उसके सोने का क्रम यूँ ही चलता रहा और कुछ देर बाद उसे सुध आई तो वह झट से युद्ध के मैदान में पहुँच गया। उसने शत्रुओं को हराने में देर नहीं की और नगरवासियों ने चैन की साँस ली।

इस समय हम सभी कुंभकर्ण की तरह हैं। हम सभी अज्ञान की निद्रा में मगन हैं। इस भौतिक जगत् के सुख व दुःख से द्रवित होकर हममें से अनेक व्यक्ति अपनी मूल आध्यात्मिक पहचान को भुला बैठे हैं और अपनी आंतरिक शक्तियों व बलों से भी हमारा कोई संपर्क नहीं रहा। यदि हमें उनका एहसास हो जाए तो हम संसार की कलह और नकारात्मकता से मुक्ति पा सकते हैं, जो हमारी अपनी ही विकृत चेतना का प्रतिबिंब है।

सजग रहें

यदि हम सफलतापूर्वक जागना चाहते हैं तो हमें मूल आध्यात्मिक पहचान के प्रति सचेत होना होगा और यह याद रखना होगा कि हम एक आत्मा हैं, जो अलग होने के बावजूद शरीर से संबंध रखती है, जिसके माध्यम से हम संसार तथा अन्य व्यक्तियों से मेल-जोल रखते हैं; जैसे किसी बस का चालक, जहाज का कप्तान या कंप्यूटर का ऑपरेटर आदि। हम यही भूल गए हैं। प्रायः हम इसकी असीम माँगों की पूर्ति के लिए अपने बहुत से समय तथा प्रयासों का निवेश कर देते हैं।

आत्मा के प्रति सजग तथा शरीर के प्रति सजग रहने में अंतर केवल यही है मानो हम दिन और रात की बात कर रहे हों। आत्मा के प्रति सजग रहने से हम स्वयं को शक्तिशाली, सकारात्मक, प्रसन्न, संतुष्ट तथा मन व शरीर के स्वामी के रूप में पाते हैं। शरीर के प्रति सजग भाव रखने से हमारे मन में निराशा, असंतोष, अवसाद तथा परेशानी के भाव उत्पन्न होते हैं; क्योंकि हम निरंतर क्रोध, लोभ, सशक्त शक्तिशाली रोगों, मोह तथा अहं के शिकार होते चले जाते हैं। अवचेतन रूप से हम आत्मा की मूल तथा वर्तमान अवस्था के इस विपरीत अंतर की पीड़ा को अनुभव करते हैं। हम मन-ही-मन जानते हैं कि हम जो भी हैं, उससे कहीं बेहतर हो सकते थे; परंतु यह नहीं जानते कि इस अवस्था को पाने के लिए हमें क्या करना चाहिए।

शरीर की बजाय आत्मा के प्रति सजगता ही राजयोग ध्यान का आधार है, जो ब्रह्माकुमारियों द्वारा सिखाया जाता है। अधिक जानकारी के लिए परिशिष्ट-1 देखें।

ध्यान दें

इस समस्याग्रस्त जगत् में मनुष्य के रूप में हमें अपनी आंतरिक विशेषताओं व गुणों के प्रति सजग और सचेत होना होगा तथा यह ध्यान देना होगा कि हम अपनी अनमोल आध्यात्मिक, मानसिक, भावात्मक तथा शारीरिक ऊर्जाओं का उपयोग कैसे कर पा रहे हैं।

कहा जाता है कि 'ध्यान जहाँ होता है, ऊर्जा भी उसी ओर प्रवाहित होती है।' आध्यात्मिक जीवों के रूप में हमें यह सजग भाव से देखना होगा कि हम अपने ध्यान का केंद्र कहाँ रख रहे हैं। क्या यह हमारे वश के बाहर है? क्या यह यहाँ से वहाँ भटकता रहता है? क्या यह सकारात्मक से नकारात्मकता की ओर बार-बार चला जाता है? क्या आत्मा की सजगता से शरीर की सजगता की ओर चला जाता है? हमारे पास अधिकतर प्रश्नों के उत्तर 'हाँ' में ही होंगे, क्योंकि

कुंभकर्ण की तरह हम भी गहरी नींद में खोए हैं। एक दिन हम अपने आंतरिक सौंदर्य के प्रति पूरी तरह से जागरूक होंगे; पूरी शक्ति, भव्यता व केंद्र के साथ सामने होंगे और चमत्कार करने में सक्षम हो सकेंगे।

हमारे विचार ही सजग, सचेत व जागरूक तथा मुक्त रहने की कुंजी हैं।

प्रयोग

प्रतिदिन कुछ मिनट तक अपने आप से प्रश्न करें, ''मैं कौन हूँ ? मैं किस प्रकार एक भौतिक शरीर से अधिक हूँ ?'' देखें कि आपके मस्तिष्क में कौन से उत्तर आते हैं।

अपने भीतर झाँकें

'अपने भीतर झाँकें' का अर्थ है कि आप अपने विचारों के निरीक्षक बनें और अपने ही शब्दों तथा कर्मों पर मनन करते हुए अपने आपको समझाने का प्रयास करें, ताकि रोजमर्रा के जीवन को और अधिक प्रभावी बनाया जा सके।

जब हम अपने विचारों, शब्दों तथा कर्मों को मनुष्य की प्रकृति व आचरण को संचालित करनेवाले सार्वजनीन व दैवी नियमों से एकरेखीय बना देते हैं तो सफलता व मन की शांति का संपूर्ण आश्वासन दिया जा सकता है; क्योंकि हम एक शुद्ध तथा सकारात्मक स्थान से कार्य कर रहे हैं।

अपने भीतर झाँकने से आत्मा ऐसे अखंड, अकाट्य व बुनियादी नियमों को पहचान सकेगी, जो हर इनसान की आत्मा में बसे हैं और सभी विश्वास तंत्रों से कहीं परे हैं। यद्यपि हम इन नियमों का विविध मात्रा में अभ्यास कर सकते हैं, परंतु यह सार्वभौमिक रूप से माना जाता है कि ऐसे गुणों व विशेषताओं का अस्तित्व होता है।

प्रयोग

एकांत में कुछ समय बिताने के बाद उन विविध विशेषताओं के बारे में विचार करें, जिन्हें आप मान देते हों। उस समय को याद करें, जब आपने उन्हें अपने जीवन में प्रयुक्त किया हो और उनसे जुड़ी भावनाओं को स्मरण करें। आप जो भी पाएँगे, उसे देख सुखद आश्चर्य से भर उठेंगे।

अंतःकरण से पाएँ मार्गदर्शन

प्रत्येक व्यक्ति अपने अंत:करण के साथ ही इस संसार में जन्म पाता है। यह एक निजी मार्गदर्शक की भूमिका निभाता है और सार्वजनीन नियमों को लागू करने में सहायक है। यह सत्य के एकमात्र सार्वभौमिक स्रोत से जुड़ा है। अपने अंत:करण से संपर्क स्थापित करना; इसके सभी संकेतों, लक्षणों व चेतावनियों को समझना तथा इसकी बातों को जानना महत्त्वपूर्ण है।

जब हम सजग भाव से पड़ताल करते हुए उन विचारों, शब्दों तथा कर्मों में बदलाव लाते हैं, जो किसी के लिए कल्याणकारी नहीं हो सकते तो अंदर व बाहर से विशुद्ध हो जाते हैं। इस प्रक्रिया के लिए साहस तथा विनय की आवश्यकता होती है।

हमारे पास चुनाव तथा स्वतंत्र इच्छा की शक्ति भी है। किसी भी परिस्थिति में हमारे पास एक से अधिक विकल्प उपस्थित होते हैं। शरीर के चालन स्थान पर बैठकर (कार की उपमा लें) हमारे पास रुकने, चलने, मुड़ने या संकेत देने का विकल्प होता है।

जब हमारे पास उचित मूल्यों का रोड मैप तथा मार्गदर्शक नियम हो तो अपने विचारों, शब्दों तथा कर्मों को वश में करने का चुनाव करना सरल हो जाता है। उचित मूल्य हमारे तथा दूसरों के लिए कल्याणकारी होते हैं। वे यह देखते हैं कि हम सुरक्षित रूप से अपने वाहन सहित लक्ष्य तक पहुँचें। अनुचित मूल्य हमारे साथ-साथ दूसरों के लिए भी हानिकारक होते हैं और हमें भटका देते हैं। उदाहरण के लिए—ऐसा व्यक्ति, जिसके लिए जीत ही मायने रखती हो; ऐसा संगठन, जो अपने लाभ को ग्राहकों की सुरक्षा से बड़ा मानता हो; ऐसा देश, जो कट्टर आदर्शों को मनुष्य के जीवन से बड़ा मानता हो—वे सब अनुचित मूल्यों के साथ चलते हैं। लोभ, अहं, स्वामित्व आदि स्वार्थी लक्ष्यों पर आधारित ये मूल्य ही हमारी प्रमुख

बाधा बन जाते हैं। नतीजतन हमें दु:ख, नकारात्मकता, तनाव व संघर्ष का सामना करना पड़ता है।

प्रयोग

उस समय को याद करें, जब आपने अपने अंत:करण को उपेक्षित किया था।

तब क्या हुआ और आपने बाद में कैसा अनुभव किया ?

हम अपने अंत:करण को तीव्र कैसे कर सकते हैं और इसे अधिक प्रभावशाली कैसे बना सकते हैं ?

अपने मनोभावों पर दें ध्यान

हमारी व्यक्तिगत चेतना तथा हमारे कर्मों के पीछे छिपे मनोभावों एवं मंशा से ही परिवर्तन का आरंभ होता है।

अपने विचारों, शब्दों तथा कर्मों का निजी दायित्व लेने से हम निम्नलिखित करने के योग्य हो जाते हैं—

- मन के स्टीयरिंग व्हील को वश में रखते हुए बदलाव की प्रक्रिया में गति लाएँ।
- अपने विचारों को उचित व सार्थक दिशा में केंद्रित करें।
- आहत करनेवाले शब्दों के आगे फुलस्टॉप का ब्रेक लगा दें।
- किसी से टकराने से बचाव के लिए 'पुल ओवर' करें।
- बिना किसी अपेक्षा के किए गए विशुद्ध कर्मों की शक्ति का प्रयोग करते हुए मोटर को लगातार चालू रखें, ताकि बैटरी चार्ज हो सके।

जब हम अपने मनोभावों तथा मंशाओं पर ध्यान देते हैं तो इंजन साफ होता है और हम प्रगति व प्रदर्शन को ध्यान में रखते हुए ज्यादा माइलेज का अनुभव कर पाते हैं।

नियमित जाँच होना भी आवश्यक है। सकारात्मक व नकारात्मक मंशाओं के बीच बहुत सूक्ष्म अंतर होता है और कई बार उनकी पहचान करना भी कठिन होता है। मिसाल के लिए—हो सकता है कि दूसरों के दोष देखना और उनके बारे में बात करना आपकी जागरूकता का एक अंग हो या न हो, क्योंकि इसे अनेक व्यक्तियों द्वारा स्वाभाविक व प्राकृतिक माना जाता है। गपशप का मूल यही है कि आप दूसरों की बातों के बहाने खुद को बेहतर अनुभव करना चाहते हैं। यह प्रत्यक्ष व अप्रत्यक्ष रूप से बात करने तथा सुननेवाले के अतिरिक्त वातावरण को भी प्रभावित करता है।

नकारात्मक मंशा के रूपों में निम्नलिखित को भी शामिल कर सकते हैं—

- दूसरों का दमन करते हुए स्वयं को उचित सिद्ध करना।
- लोगों के साथ खिलवाड़ करना।
- सम्मान दिए बिना उसे पाने की अपेक्षा रखना।
- अपने भीतर की असुरक्षा के कारण दूसरों की स्वीकृति पाने का प्रयास करना।

हो सकता है कि कुछ मनोभाव आपको स्पष्ट रूप से दिखते हों; परंतु कुछ मनोभाव ऐसे भी होते हैं, जो आपसे भी छिपे होते हैं—और उनके लिए गहरी परख की आवश्यकता होती है, ताकि उन्हें समझा व बदला जा सके।

वहीं दूसरी ओर सकारात्मक मनोभाव सामने आते हैं, जब प्राकृतिक व स्वाभाविक रूप से—

- दूसरों को सम्मान तथा लाभ देते हैं।
- उनकी असाधारण विशेषताओं व योग्यताओं को देखते हैं।
- उन्हें उनके रूप में ही रहने के लिए अनुमति देते हैं।

यदि हमें किसी को उसके अनुपयुक्त व्यवहार के लिए कोई सुझाव या फीडबैक देनी हो या कुछ ऐसा कहना हो, जो प्रत्यक्ष रूप से उनके जीवन को प्रभावित करता हो तो शब्द प्रत्यक्ष रूप से पूरी ईमानदारी व विनय के साथ कहे जाने चाहिए और दूसरों की संवेदनशीलता को भी ध्यान में रखा जाना चाहिए। जब फीडबैक पानेवाले को पूरा सम्मान एवं गरिमा दी जाती है, उससे सहानुभूति रखते हुए उसकी बात सुनी जाती है और बदलाव से जुड़े निर्णय में उसे शामिल किया जाता है तो यह परिचर्चा एक सकारात्मक रूप ले सकती है, जो निजी विकास तथा परिवर्तन के लिए द्वार खोल सकती है। सकारात्मक मंशा फीडबैक देनेवाले को प्रोत्साहित करती है कि वह नाजुक संदेश देते हुए भी अपनी ईमानदारी तथा सदाशयता बनाए रखे।

प्रयोग

दो परिस्थितियों के बारे में सोचें—एक, जब आपकी मंशा शुद्ध, मुक्त व कल्याणकारी थी और दूसरे, जब आपकी वास्तविक मंशा छिपी हुई थी और बहुत सकारात्मक नहीं थी। अपनी भावनाओं का तुलनात्मक अध्ययन करें और देखें कि आपने कौन से अलग-अलग परिणाम पाए थे।

□

गुणवत्तापूर्ण विचार उत्पन्न करें

यदि हम पूरी तरह से शुद्ध हों और अपनी शक्ति को प्रयोग करते हुए इच्छानुसार विचारों की रचना कर सकें, उन्हें बनाए रख सकें या उन्हें नष्ट कर सकें—फिर चाहे जो भी परिस्थितियाँ क्यों न हों—हम अपने मन के स्वामी होंगे।

आत्म-जागरूकता के माध्यम से हम अपने विचारों की गुणवत्ता तथा दिशा परख सकते हैं और अपनी संकल्प-शक्ति के माध्यम से अवांछित विचार (नकारात्मक विचार ढाँचे को तोड़ना देखें) विचारों पर रोक लगा सकते हैं। हम किस सीमा तक यह ब्रेक लगाते हुए मन को स्थिर कर सकते हैं या बुद्धि को वांछित दिशा में निर्देशित कर सकते हैं, यह काफी हद तक इस बात पर निर्भर करता है कि हमने अपने आपको कितना वश में किया हुआ है?

दुर्घटनाओं के लिए दो कारण हैं—

1. हम भूल जाते हैं कि हम चालक हैं और अपने वाहन का नियंत्रण खो देते हैं। दूसरे शब्दों में, हमारे विचार हमारे साथ भागने लगते हैं।
2. हम पूरी तरह से ब्रेक लगाने में असफल रहते हैं। रुको, मतलब रुको। इसका अर्थ यह नहीं कि आप कुछ और व्यर्थ के विचारों तक आगे घसीटते चले जाएँ। थोड़ा ठहरें। फिर अपने मन की अवस्था को तटस्थ बनाते हुए हम एक बेहतर स्थिति के साथ अपने लिए एक दिशा, नए विचारों या मार्ग का चुनाव कर सकते हैं।

यह हम सब पर ही निर्भर करता है कि अपने लिए वाहन चालन का एक सुरक्षित रिकॉर्ड बनाएँ। अपने चालन शिष्टाचार का पूरा उत्तरदायित्व लें। असंख्य बेहतर चालक होंगे और कहीं अधिक स्पष्ट मानसिक वातावरण होगा; व्यर्थ का कचरारूपी विचार हमारे मन रूपी पथ को गंदा नहीं कर सकेगा और हमारा यातायात

कहीं अधिक सहज व किफायती होगा। नकारात्मकता व व्यर्थ के शब्द वातावरण को प्रदूषित नहीं कर सकेंगे। जिन कामों से समय व ऊर्जा नष्ट होती है, उनका स्थान स्नेही कर्म ले लेंगे, जो पूरी सजगता के साथ किए जाएँगे; जैसे—''मैं जो भी करता हूँ, दूसरे व्यक्ति मुझे देखेंगे और वे भी ऐसा ही करने के लिए प्रेरित होंगे''मैं जो भी करता हूँ, मैं उसके बदले में कुछ पाता हूँ।''

प्रयोग

- **एकांत में बैठें तथा अपने विचारों की गुणवत्ता का निरीक्षण करें।**
- **क्या वे सामान्यतः सकारात्मक हैं या नकारात्मक ?**
- **अपनी भावनाओं तथा शरीर पर प्रत्येक विचार के प्रभाव को लक्ष्य करें।**
- **विभिन्न प्रकार के विचार आपके व्यवहार को कैसे प्रभावित करते हैं ?**
- **इन विचारों का आपके संबंधों पर क्या प्रभाव पड़ता है ?**
- **आप अपने नकारात्मक विचारों को सकारात्मक कैसे बना सकते हैं ?**

□

क्रिया व प्रतिक्रिया का नियम याद रखें

क्रिया व प्रतिक्रिया के नियम को प्रायः कर्म के नियम के रूप में जाना जाता है। इसके अनुसार—प्रत्येक क्रिया के लिए एक समान प्रतिक्रिया होती है। दूसरे शब्दों में, हम जो बोते हैं, वही काटते हैं। हम संसार को जो भी देते हैं, दूसरे व्यक्ति उसी मात्रा में हमें उसे वापस लौटाते हैं। अगर हम दूसरों को प्रसन्नता प्रदान करेंगे तो बदले में प्रसन्नता ही पाएँगे। दुःख के साथ भी ऐसा ही है। हम अपने कर्मों के परिणामों से न तो बच सकते हैं और न ही कहीं भाग सकते हैं। देर-सबेर, इस ब्रह्मांड का संचालन करनेवाले प्राकृतिक-आध्यात्मिक नियम सबसे गोपनीय कर्म को भी प्रकट कर देते हैं, हर अपराध के लिए दंड देते हैं, हर सद्गुण को पुरस्कृत करते हैं और हर अनुचित काररवाई को पूरी निश्चितता व सूक्ष्मता के साथ उचित में बदल देते हैं।

कर्म का नियम बहुत सरल है; परंतु यदि इसे गहराई से समझा जाए तो यह हमें उपयोगी अंतर्दृष्टियाँ प्रदान करते हुए प्रत्येक विचार, शब्द तथा कर्म के प्रति जागरूक कर सकता है।

कर्म हमारे मन में विचार के रूप में उत्पन्न होते हैं। विचार ही कर्म का बीज हैं। जैसा विचार होता है, वैसा ही परिणाम होता है। विचार कर्मों की तरह स्पंदन प्रसारित करते हैं और वातावरण को प्रभावित करते हैं। ये स्पंदन ही सूक्ष्म कर्म कहलाते हैं।

सूक्ष्म व भौतिक कर्म दोनों ही अच्छे व बुरे स्पंदन पैदा करते हैं।

हमारी प्रवृत्ति तथा कर्मों के परिणामों को जानने के लिए हमें अपनी मानसिक अवस्था, कर्मों की गुणवत्ता को जानने का पूरा उत्तरदायित्व लेना होगा। कर्म का नियम हमें संसार के केंद्र में ला खड़ा करता है। यह हमें यह समझने में मदद करता

है कि हमारी वर्तमान अवस्था, चाहे वह कैसी भी क्यों न हो, हमारे ही पिछले कर्मों का सामूहिक प्रभाव है। दूसरे शब्दों में, हम जो जीवन जी रहे हैं, उसे हमने ही अपने लिए रचा है और हम ही इसके लिए उत्तरदायी हैं। हम किसी दूसरे व्यक्ति को दोष नहीं दे सकते। जब हम सही मायनों में इस महत्त्वपूर्ण आध्यात्मिक नियम को जान व समझ लेते हैं तो भले ही यह आरंभ में कितना भी चुनौतीपूर्ण क्यों न लगे, हम अपने जीवन में एक निरीह तथा जीवन से निराश व्यक्ति के स्थान पर इसके स्वामी बन सकते हैं। हम जानते हैं कि हम अपने लिए एक बेहतर भविष्य की रचना कर सकते हैं। यही समझ 'आकर्षण के नियम' का सार है, जो इस *'न्यू एज'* आंदोलन में बहुत ही लोकप्रिय है।

कारण तथा प्रभाव की स्पष्ट व्याख्या करने के साथ-साथ कर्म का नियम हमारे सामने हमारे अपने ही चुनावों तथा निर्णयों की सकारात्मक भावी दिशाएँ प्रस्तुत करता है। विशुद्ध तथा कल्याणकारी कर्मों के साथ ही भविष्य की रचना होगी। हमें अपनी पसंद से चुने गए लक्ष्य तक जाने के लिए नियमित अंतराल पर यह जाँच करते रहना चाहिए कि बेहतरी के लिए क्या बदलाव किए जा सकते हैं।

प्रयोग

अपनी उपलब्धियों व सफलताओं की एक सूची तैयार करें और अपने पिछले कर्मों तथा वर्तमान स्थिति के बीच एक संपर्क बनाने का प्रयास करें।

अपने जीवन में सामने आई किसी मौजूदा चुनौती के बारे में विचार करें। उन पाठों की सूची तैयार करें, जो आपको सिखाए गए हैं।

आप अपने लिए कैसा भविष्य चाहेंगे और इसे कैसे पाने जा रहे हैं?

□

नकारात्मक विचारों के ढाँचे को तोड़ें

किसी भी प्रकार की आलोचना, शिकायत, तुलना या दोषारोपण आदि तथा इज्म जैसे सैकिज्म, रेसिज्म या नेशनलिज्म (सेक्सवाद, जातिवाद तथा राष्ट्रवाद) आदि नकारात्मक विचारों में शामिल हो सकते हैं। ऐसे विचार मन में तनाव एवं विभाजन का भाव उत्पन्न करते हैं और इससे हमारे तथा दूसरों के लिए हानिकारक प्रभाव सामने आते हैं। ये ऐसी नकारात्मक मान्यताओं तथा प्रवृत्तियों से संचालित होते हैं, जिनके विषय में हम जानते तक नहीं। ये किसी कंप्यूटर कार्यक्रम की तरह जीवन के प्रति हमारी प्रतिक्रियाओं को चलाते हैं।

हमें सकारात्मक व नकारात्मक विचारों के बीच अंतर को जानते हुए यह अनुभव करना चाहिए कि हमारे पास हमेशा अपने द्वारा चुने गए विचारों के लिए विकल्प उपस्थित होते हैं। हम इनके माध्यम से गहराई तक गए हुए अभ्यासगत ढाँचों को तोड़ सकते हैं। इसके लिए हमें आत्म-सजगता, संकल्प-शक्ति तथा बहुत से अभ्यास की आवश्यकता होगी, ताकि हम ऐसे विचारों के स्वामी बन सकें।

प्रयोग

अपनी चिंतन प्रक्रिया में बदलाव लाने के लिए इसे स्मरण रखें। एस.ओ.एस.—स्टैंड बैक, *ऑबजर्व एंड स्टीर यूअर थॉट्स इन एनअदर डायरेक्शन* (पीछे हटकर खड़े हो जाएँ, अपने विचारों का निरीक्षण करें, विचारों को दूसरी दिशा में निर्देशित कर दें।)

1. **स्टैंड बैक—अपने विचारों से नाता तोड़ लें। उन्हें किसी अनासक्त या तटस्थ दर्शक के रूप में देखें। आपके मन में कोई परख, आलोचना**

या निंदा का भाव न हो।

2. *ऑब्जर्व एंड इवैल्युएट*—जब भी वे आपके मन के स्क्रीन पर दिखें, उनकी गुणवत्ता तथा दिशा की जाँच करें। यह देखें कि आपको कौन से विचार अच्छे लगते हैं या कौन से विचार बुरे लगते हैं।
3. *स्टीर यूअर थॉट्स*—अपने लिए शक्तिशाली, शांतिपूर्ण, प्रेरणादायी तथा उपयोगी विचार उत्पन्न करें, जो आपके व दूसरों के लिए कल्याणकारी सिद्ध हो सकें।

अपने प्रति सौम्य रहें। अगर आपके मन में बार-बार पुराने विचारों के ढाँचे तथा नकारात्मक पिछले अनुभव उत्पन्न हो रहे हों तो उन्हें इस तरह पहचान दें मानो वे लाल बत्ती हों। अब ब्रेक लगाएँ और अपनी ओर से फुल स्टॉप कह दें। इसका मतलब होगा कि आपको उनके बारे में विचार करना त्यागकर अपनी दिशा बदलनी है। उनके स्थान पर बेहतर विचारों को मन में लाएँ।

□

थोड़ा अवकाश लें

एक बेहतर जीवन के लिए अपने विचारों पर नियंत्रण पाना ही सबसे बड़ी कुंजी है।

विचार रॉकेट से भी अधिक शक्तिशाली होते हैं। हम एक सेकंड से भी कम समय में कहीं-से-कहीं पहुँच सकते हैं, किसी के प्रति आत्मीयता अनुभव कर सकते हैं या जैसी भी मानसिक अवस्था चाहें, अपने लिए चुन सकते हैं।

विचारों को योग्य व उचित रूप में प्रयोग में लाने से अच्छा मूड, मानसिकता व कर्म उत्पन्न किए जा सकते हैं। ऐसे विचार तब आसानी से उत्पन्न किए जा सकते हैं, जब हम सही मायनों में अपना तथा अन्य व्यक्तियों का मोल जान लेते हैं।

हमें अपने-अपने विचारों की शक्ति का भरपूर प्रयोग करने के लिए थोड़ा अवकाश लेना होगा, कुछ समय के लिए एकांत में बैठना होगा तथा अपने मन में यथासंभव एक शांतिपूर्ण स्थान की स्थापना करनी होगी—

- अपने लिए (अल्पकालीन तथा दीर्घकालीन) व अन्य व्यक्तियों (सामुदायिक तथा अन्य सेवा से जुड़ी गतिविधियों) के लिए योजना बनाएँ।
- मनन बिंदुओं पर विचार करें; जैसे—जिन्हें आपने किसी व्याख्यान, भाषण या अच्छी पुस्तक से सीखा हो।
- पूरी ईमानदारी के साथ अपनी आत्मा पर निगरानी रखें, साथ ही अपनी मंशा की भी जाँच करें। ये दुर्बलताओं में बदलाव ला सकती हैं। पहले इसे विचारों में अपनाएँ और फिर कर्म में परिणत कर दें।
- अपनी रोजमर्रा की गतिविधियों में मूल्यों, सद्‌गुणों तथा शक्तियों को शामिल करने का मानसिक चित्रण करें।

प्रयोग

जब आप सोकर उठें तो पहले दस मिनट में अपने आपको पूरे दिन के लिए मानसिक रूप से तैयार करें। देखें कि आप बहुत अच्छा दिन बिता रहे हैं—आप इसकी प्रतीक्षा में हैं। हर चीज को इस रूप में देखें, मानो वह कुछ सीखने व जानने के एक सुनहरे अवसर के रूप में सामने आई हो।

रात को भी दस मिनट तक पूरे दिन का आकलन करें और सीखे गए पाठ दोहराएँ। यह देखें कि कौन से विचार कारगर रहे या किन विचारों में बदलाव लाया जा सकता था। इसके बाद दिन की बीती बातों को भुला दें और आनेवाले दिन की प्रतीक्षा करते हुए सो जाएँ।

□

व्यर्थ के चिंतन पर रोक लगाएँ

निराशा, प्रसन्नता व आनंद का अभाव, भ्रम से भरा मन या उचित निर्णय ले पाने की योग्यता आदि भावनाओं को व्यर्थ विचारों के लक्षणों से जोड़ा जा सकता है।

उदाहरण के लिए, हमें निरंतर बीते हुए समय के बारे में विचार करते हुए पश्चात्ताप नहीं करना चाहिए। बेहतर होगा—

- परिस्थिति से सबक लिया जाए।
- हो सके तो सुधार किए जाएँ।
- फिर आगे बढ़ जाएँ।

प्रयोग

किसी ऐसे व्यक्ति के बारे में सोचें, जिसे आप पसंद नहीं करते। उन कारणों को लिखें, जिनके कारण आप उसे पसंद नहीं करते और फिर उसकी अच्छाइयों की एक सूची तैयार करें। जब भी आप उसे देखें तो उसकी खूबियों को याद करें और देखें कि इससे आपके संबंधों में कितना अंतर आ जाएगा।

याद रखें, आपका ध्यान जिस दिशा में प्रवाहित होता है, ऊर्जा भी उसी ओर प्रवाहित होती है।

□

'नॉट' व 'डॉट' को याद रखें

जब भी ऐसी कोई परिस्थिति उत्पन्न हो जाए, जिससे भावों में उथल-पुथल होने लगे और हम चाहने पर भी इस सोच पर रोक न लगा सकें तो हम निम्नलिखित प्रयोग को आजमा सकते हैं—

प्रयोग

यह विचार करें, नॉट का अर्थ होगा—ठहरो। इसके बाद एक डॉट" अर्थात् पूर्ण विराम लगा दें। आपको कोई प्रश्नवाचक चिह्न, विस्मयसूचक चिह्न या अल्पविराम नहीं, बल्कि एक पूर्ण विराम लगाना है। इसके बारे में एक भी शब्द सोचने से इनकार कर दें। इस तरह आप स्वचालित रूप से उन भावों को अपने दिमाग में निकालने में सफल होंगे और उस परिस्थिति को अपने पर हावी होने की अनुमति नहीं देंगे।

□

यह न पूछें 'व्हाई', सिंपली 'फ्लाई'!

प्राय: अपने दिमाग से प्रश्नवाचक चिह्न को निकालना बहुत कठिन होता है। हमारे मस्तिष्क में प्राय: ऐसे ही विचार घुमड़ते रहते हैं, 'ऐसा क्यों हुआ? मैंने ऐसा क्यों नहीं कहा, वैसा क्यों नहीं किया? उस आदमी ने ऐसा क्यों किया?'

जब आप 'क्यों' से जुड़े विचारों का प्रबंधन सीख लेते हैं तो जान लें कि आपने 'फ्लाई' करना यानी उड़ान भरना भी सीख लिया। हम अपनी चेतना को उच्चतर आयामों की ओर निर्देशित करते हुए मन को हलका बना देते हैं। उदाहरण के लिए, मानसिक चित्रण करें कि आप शहर के सबसे ऊँचे भवन या आकाश में किसी बादल पर आसीन होकर अपनी परिस्थिति को देख रहे हैं।

इस तरह उस परिस्थिति से अलग होकर या दूर उड़ान भरकर हम अपने दृष्टिकोण को बदल सकते हैं। मन की इस विरक्त, किंतु सजग अवस्था में हम उचित-अनुचित का ज्ञान रखते हुए यह भी जान सकते हैं कि क्या होना चाहिए और क्या नहीं होना चाहिए। तब हम बाहरी परिस्थितियों के दबाव में आ कर प्रतिक्रिया देने की बजाय अपने आंतरिक मूल्यों के आधार पर प्रतिक्रिया देना सीख जाते हैं और उसके अनुसार ही काम कर पाते हैं।

प्रयोग

किसी ऐसी परिस्थिति के बारे में विचार करें, जो आपको बहुत ही चुनौतीपूर्ण लगे। कल्पना करें कि आप किसी ऊँचे स्थान से एक नए और अनासक्त दृष्टिकोण के साथ उसे देख रहे हैं। स्वयं से पूछें, 'मैं परिस्थिति से सकारात्मक व उत्पादक रूप से कैसे पार पा सकता हूँ?'

□

शुद्ध विचार तथा इच्छा उत्पन्न करें

अनेक शक्तिशाली साक्ष्यों के आधार पर कहा जा सकता है कि मनुष्य के विचार बहुत शक्तिशाली होते हैं। ऊर्जा के अन्य रूपों की तरह इन्हें भी रचनात्मक या विनाशक रूप में प्रयोग में लाया जा सकता है और इस ग्रह पर ही अपने जीवन को स्वर्ग या नरक में बदला जा सकता है।

अनेक व्यक्तियों के लिए नकारात्मक चिंतन इतनी सामान्य बात है कि वे इसे श्वास लेने की तरह स्वाभाविक मानते हैं। इसे मानवीय दशाओं के एक भाग के रूप में स्वीकारा जाता है। हमारे चारों ओर फैला जातिवाद, सेक्सवाद, राष्ट्रवाद, होमोफोबिया तथा अन्य पूर्वग्रह इसी अनियंत्रित सोच का परिणाम हैं, जिनके कारण संसार में इतना क्रोध, संघर्ष व कलह उत्पन्न हो रहा है।

सकारात्मक विचार कहीं अधिक शक्तिशाली होते हैं। ये शहरों में अपराध दर घटा सकते हैं, जल की पारदर्शी संरचना में सुधार ला सकते हैं, लोगों को आरोग्य प्रदान करने के साथ-साथ हमारे जींस को भी प्रभावित कर सकते हैं। जीवन की सभी अच्छी वस्तुएँ शक्तिशाली व सकारात्मक विचारों से ही आरंभ होती हैं।

मौन भाव से दूसरे व्यक्ति को सद्विचार तथा शुभेच्छा देना भी संप्रेषण का प्रभावी उपाय है। ऐसे विचार संप्रेषण से जुड़े दोनों व्यक्तियों को प्रभावित करते हैं और एक शक्तिशाली वातावरण रचने में सहायक होते हैं।

आप व्यक्तियों, समूहों, संकटग्रस्त देशों, प्रकृति व संसार को सद्विचार तथा शुभेच्छा भेज सकते हैं। संप्रेषण की यह आदत अपने अंदर विकसित करें। संप्रेषण के इस रूप के साथ जब कल्याणकारी शब्दों व गतिविधियों का मेल किया जाए तो यह और भी शक्तिशाली हो जाता है; जैसे किसी प्राकृतिक आपदा से ग्रस्त देश को

स्नेह व आरोग्य से भरे विचार देने के साथ-साथ उनके लिए धनराशि एकत्रित करना, ताकि उनके भोजन व आश्रय का प्रबंध हो सके।

प्रयोग

आप जिसे भी अपने जीवन में चुनौतीपूर्ण पाएँ, उसे कुछ मिनट के लिए सद्विचार तथा शुभेच्छा भेजें। फिर देखें कि कुछ समय बाद आप दोनों के संबंधों में कैसा बदलाव आया है।

□

आभार का रवैया विकसित करें

हम सभी अपने व दूसरों के प्रति तथा संसार के लिए एक रवैया रखते हैं। यह रवैया किसी फिल्टर या चश्मे का काम करता है। हम चीजों को जिस रूप में देखते हैं, यह उन्हें उसी रँग में रंग देता है। यह जीवन के प्रति एक पहल है। हम किसी घटना को किस रूप में देखेंगे, यह उसका तरीका सुनिश्चित करती है। सामान्यत: हमारा रवैया सकारात्मक और जीवन के प्रति उचित दृष्टिकोणवाला या नकारात्मक व अनुचित दृष्टिकोणवाला हो सकता है। हम या तो इस संसार को रोमांच, विस्मय, सौंदर्य, शिक्षा व प्रचुरता के केंद्र के रूप में देखते हैं या अंधकार, खतरे, भय तथा अभाव से जुड़ा पाते हैं। हम जो भी देखते हैं, वही पाते हैं और हमारे स्पंदन भी उसी के अनुसार अपनी प्रतिक्रिया देते हैं। एक सकारात्मक रवैए के साथ हम बेहतर अनुभव करते हैं—हम उत्साह से भरपूर होने के साथ-साथ अपना बेहतरीन देने के लिए प्रेरित करते हैं। एक नकारात्मक रवैया हमारी ऊर्जा सोख लेता है और हम दु:खी, तनावपूर्ण व अवसादग्रस्त अनुभव करते हैं।

यदि हम अपने नकारात्मक रवैए को सकारात्मक रवैए में बदलना चाहते हैं तो हमें अपने भीतर आभार का रवैया विकसित करना होगा और जीवन में अभावों का रोना रोने के स्थान पर उन बातों के लिए ईश्वर का कृतज्ञ होना होगा, जो उसने हमें दी हैं। जो हमें नहीं मिला, उसके लिए बिसूरने से हमारे हाथ कुछ नहीं आने वाला।

प्रयोग

पूरे एक सप्ताह तक प्रतिदिन ऐसी पचास वस्तुओं की सूची बनाएँ, जिनके लिए आप आभार अनुभव करते हैं। उदाहरण के लिए—आप चल

सकते हैं, बात कर सकते हैं, आपके पास परिवार व मित्र हैं, सूर्य का प्रकाश, वर्षा, स्वच्छ वायु, जिसमें हम श्वास लेते हैं आदि। आपको अपने आसपास ऐसी बहुत सी वस्तुएँ दिखाई देंगी, जिनके लिए आप ईश्वर का आभार व्यक्त करना चाहेंगे।

□

विश्वास करें और पाएँ

हमारे विश्वास कंप्यूटर के बेसिक प्रोग्राम की तरह होते हैं। वे एक प्रकार की कंडीशनिंग यानी ट्रेनिंग का ही रूप है, जिनकी मदद से हम इस संसार को समझते हैं और यह निरंतर उस रूप को प्रभावित करता रहता है, जिसके आधार पर हम इसे देखते हैं और इससे मेल-जोल रखते हैं। ये हमारे अवचेतन जगत् में इतनी गहराई तक अंकित हैं कि हमें इनके बारे में पता ही नहीं चलता और हम इनके बारे में तब तक नहीं जान सकते, जब तक हम इनके कारण उत्पन्न दु:ख या चुनौती का सामना नहीं करते।

हमारे पूरे जीवन के दौरान, विशेष रूप से जब हम युवा होते हैं और अपने वयस्कों के प्रभाव में होते हैं, चाहे वे माता-पिता हों या संबंधी, अध्यापक हों या धार्मिक नेता—हम अपनों के लिए, दूसरों के लिए तथा संसार के लिए बहुत से अनुचित विश्वास उत्पन्न कर लेते हैं। उदाहरण के लिए, हम यह विश्वास कर सकते हैं कि हम मूर्ख व अयोग्य हैं तथा जीवन में कुछ भी पाने की क्षमता नहीं रखते। दूसरे व्यक्तियों पर विश्वास नहीं किया जा सकता, प्रसन्नता कभी स्थायी नहीं होती, यह जीवन कष्ट व संघर्षों से भरा है। ये विश्वास किसी पिंजरे की सलाखों की तरह हैं। ये हमें संसार में फलने-फूलने नहीं देते। ये हमारी महत्त्वाकांक्षा की राह में बाधा बनते हैं और हमारी निष्क्रियता व अलगाव को प्रोत्साहित करते हैं। हम अपने ही जीवन का शिकार हो जाते हैं और अपनी शक्तियाँ दूसरों को सौंप देते हैं। हम उम्मीद करने लगते हैं कि हम लॉटरी का कोई टिकट जीत लेंगे या कोई अच्छा जीवन साथी हमारे जीवन को बदलते हुए हमें प्रसन्नता प्रदान करेगा।

यदि हम अपने जीवन के स्वामी बनना चाहते हैं और इसका भरपूर आनंद लेना चाहते हैं, तो हमें अपनी जड़ों और टूटे हुए पुराने विश्वासों के प्रति जागरूक

होना होगा, जिन्होंने हमें बाँध रखा है और इनके स्थान पर हमें ऐसी अंतर्दृष्टि विकसित करनी होगी, जो हमारी आंतरिक शक्तियों, विशेषताओं, प्रतिभाओं, कौशलों व मूल्यों के अनुकूल हो। हम सबके भीतर असीम क्षमता व योग्यता समाई है, जिसके बल पर हम अपने लिए प्रेम व प्रसन्नता से भरपूर एक जीवन रच सकते हैं। हो सकता है कि ऐसा करने में हमें बहुत समय व प्रयास करना पड़े, परंतु यदि हमें अपने पर पूरा विश्वास हो और हम इसे यथार्थ में बदलना चाहें तो ऐसा हो सकता है।

प्रयोग

लिखें कि अगर आपके पास पर्याप्त समय व धन हो तो आप अपने जीवन में क्या करना पसंद करेंगे?

आपके मन की हार्दिक इच्छा या स्वप्न क्या है?

उन विश्वासों की सूची बनाएँ, जो आपके सपने को साकार करने की राह में बाधा बन रहे हैं। उनके स्थान पर ऐसे विश्वासों को शामिल करें, जो आपके सपनों को साकार करने के लिए प्रेरणा व प्रोत्साहन दे सकें।

□

हतोत्साहित करने के स्थान पर प्रशंसा करें

हम सभी चाहते हैं कि दूसरे व्यक्ति हमें प्यार करें, मान दें। हम दूसरों द्वारा अपमानित व तिरस्कृत होने के स्थान पर उनकी स्वीकृति चाहते हैं। ठीक इसी प्रकार, जैसे पौधे भी सूखे या शीत की मार की बजाय अपने लिए सूरज की धूप और वर्षा चाहते हैं, हम सदैव प्रोत्साहन, सम्मान तथा सकारात्मकता का वातावरण चाहते हैं, जहाँ हमारी प्रतिभा और योगदान को स्वीकृति तथा प्रशंसा मिल सके। हाँ, यह बहुत आश्चर्य की बात है कि हममें से बहुत से लोग अपने दैनिक जीवन, घर तथा कार्यालय में इसका अनुभव नहीं करते। प्राय: हमारे प्रयासों का अनुचित लाभ उठाया जाता है और हमारी भूलों व असफलताओं पर बार-बार उँगली उठाई जाती है और दूसरों की अपेक्षाओं पर जीने को कहा जाता है। प्राय: 'कृपया', 'धन्यवाद' तथा 'बहुत अच्छे' जैसे शब्दों का बहुत अधिक प्रयोग नहीं होता।

प्रशंसा व्यक्तिगत व सामाजिक बदलाव के लिए एक शक्तिशाली साधन है और यह मुझसे आरंभ होती है। यदि मैं अपने जीवन में और अधिक प्रशंसा पाना चाहता हूँ तो पहले इसे मुझे अपने बच्चों, साथी, माता-पिता, पोता-पोती व मित्रों आदि को देना होगा; यहाँ तक कि दुकानों व सड़कों पर मिलनेवाले अजनबियों को भी इसे देना होगा। मैं दूसरे लोगों के दयालु कर्मों की जितनी अधिक प्रशंसा करूँगा, वे उतना ही मेरे प्रयासों को सराहना देंगे। हम सब परस्पर सहयोग, समुदाय तथा सामंजस्य का भाव विकसित कर सकते हैं।

प्रयोग

जब भी अवसर मिले, अपने भीतर 'कृपया', 'धन्यवाद' तथा 'बहुत अच्छे' जैसे शब्दों को दोहराने की आदत विकसित करें और देखें कि इससे क्या अंतर आ सकता है।

□

अपने तथा दूसरों के लिए शुद्ध अवलोकन रखें

हम स्वयं को तथा दूसरे व्यक्तियों को किस रूप में देखते हैं। क्या हम उनके प्रति घृणा व अरुचि का भाव रखते हैं? क्या हम उनके प्रति प्रेम व सम्मान का भाव रखते हैं? क्या हम पिछली भूलों या दूसरों के द्वारा हमें कही गई उन बातों को याद रखते हैं, जिनके कारण हमारे दिल को ठेस लगी हो? क्या हम ताकत की बजाय हमेशा कमजोरियों पर ध्यान देते हैं?

एक कहावत के अनुसार, 'अगर आपने इसे जान लिया तो आपने इसे पा लिया।' दूसरे शब्दों में, लोग हमारे लिए दर्पण के समान हैं और हम उनके भीतर वही देखते हैं, जो हम स्वयं हैं। यदि हम किसी को अहंकारी, नीच व आक्रामक मानते हैं तो ऐसा तभी होता है, जब उनकी अवस्था में हमारी ही अवस्था प्रतिध्वनित होती है। भले ही यह प्रकटीकरण दुःखदायी हो, परंतु जब आप इसे एक बार जान लेते हैं, स्वीकार कर लेते हैं तो हम प्रत्येक व्यक्ति को एक सबक के रूप में लेते हुए अपने जीवन से कलह, तनाव, अस्वीकृति व क्रोध को समाप्त करने लगते हैं।

एक सफल जीवन के रहस्यों में से एक रहस्य यह भी है कि 'देखें, पर न देखें' और 'सुनें, पर न सुनें'। अपने सामने खड़े व्यक्ति का बहुत ही सकारात्मक व शक्तिशाली रूप अपने सामने रखें। यदि हम तनाव, भ्रम या क्रोध की बजाय उनकी मौलिकता, सच्चे चरित्र व प्रतिभा पर केंद्रित हों तो उस व्यक्ति को सशक्त व प्रोत्साहित करने के साथ-साथ अपने व मानवता के प्रति अपनी स्वीकृति, करुणा व प्रेम को भी गहन कर सकेंगे।

प्रयोग

अपने सभी अच्छे व बुरे बिंदुओं के साथ ईमानदारी से दो सूचियाँ तैयार करें। कौन सी सूची लंबी है ?अगर आपके बुरे बिंदुओं की सूची लंबी हो तो जान लें कि आप स्वाभिमान तथा आत्मविश्वास की कमी झेल रहे हैं। आप अपनी कमजोरियों को ताकत में कैसे बदल सकते हैं ?

□

वातावरण को प्रभावित करें

मनुष्य के रूप में हम अपने आसपास के वातावरण के लिए बहुत संवेदनशील हैं। यदि हम किसी ऐसे कक्ष में जाएँ, जहाँ कुछ देर पहले ही कलह और बहस होकर हटी हो तो किसी के बिना कुछ कहे ही वहाँ के वातावरण का आभास किया जा सकता है। ठीक इसी प्रकार हम किसी गिरजाघर, मंदिर, मसजिद या ध्यान कक्ष के शांत व सहज वातावरण को भी अनुभव कर सकते हैं।

एक नकारात्मक वातावरण हमें प्रभावित कर सकता है या हम उसके प्रभाव में आने का चुनाव कर सकते हैं। सद्गुणों के अनुकरण, शक्तियों के अभ्यास तथा आंतरिक मूल्यों के मार्गदर्शन द्वारा हम जहाँ कहीं भी, एक सकारात्मक परिवेश की सृष्टि कर सकते हैं।

प्रयोग

जब आप किसी नकारात्मक परिवेश में जाएँ तो यह देखें कि क्या आप इस पुस्तक में बताए गए तरीकों व उपायों में से किसी एक की मदद से वहाँ के परिवेश को बदलने में सफल रहे।

□

दैवी गुणों का करें अभ्यास

दैवीय गुण ऐसे गुण होते हैं, जिन्हें सार्वभौमिक रूप से अच्छा व कल्याणकारी माना जाता है। इनमें निम्नलिखित को शामिल कर सकते हैं—

- सटीकता
- स्नेह
- चिंता-रहित
- प्रसन्न मुख
- स्वच्छता
- संतुष्टि
- सहयोग
- साहस
- आसक्ति
- संकल्प
- अनुशासन
- भयहीनता
- लोच
- उदारता
- मधुरता
- प्रसन्नता
- ईमानदारी
- विनय
- अंतर्मुखता
- मुक्ति
- सहजता
- प्रेम
- निष्ठा
- परिपक्वता
- दयालुता
- आज्ञाकारिता
- धैर्य
- शांति
- शुद्धता
- सम्मान
- उत्तरदायित्व
- प्रभुत्व
- आत्मविश्वास
- प्रशांति
- सादगी
- स्थिरता
- आत्मसमर्पण
- मधुरता
- अक्लांत
- सहनशीलता
- विश्वास
- सत्यता
- एकता
- विवेक

ये सभी प्रेरक मूल्य प्रत्येक मनुष्य के भीतर पाए जाते हैं। हम इन्हें जितना अधिक सींचेंगे और इन पर जितना अधिक ध्यान देंगे, ये उतना ही वृद्धि करेंगे और हम उतना ही अधिक प्रसन्न होते जाएँगे। हमारे सद्‌गुणों की परख के लिए ही चुनौतियाँ सामने आती हैं। इन परीक्षाओं के लिए कृतज्ञ रहें। इनके बिना हम कैसे सीख सकते हैं, आंतरिक शक्ति को विकसित कर सकते हैं या अपनी सच्ची संभावना को पूरा कर सकते हैं?

प्रयोग

कोई भी एक गुण चुनें। एकांत में इस पर विचार करते हुए इसे अनुभव करें। इसके बाद दो दिन तक इसका अभ्यास करें।

अगर आप किसी चुनौतीपूर्ण परिस्थिति के बीच हैं तो इस पर चिंता करने या प्रतिक्रिया देने की बजाय ऐसा सद्‌गुण चुनें, जो आपके अनुसार परिवर्तन ला सकता है और इस अभ्यास का पालन करें।

□

पावर-पैक तथा शक्तिशाली बनें

शक्तियाँ, सद्‌गुण तथा मूल्य आपस में परस्पर संबद्ध होते हैं और जीवन के नाटक के दौरान एक-दूसरे को अपनी सहायता प्रदान करते हैं।

शक्ति ही हमें योग्यता देती है कि हम बाकी सभी वस्तुओं को क्रियाशील रूप में ला सकें।

मूल्य, हमारे आंतरिक स्व के लिए मूल व मार्मिक विशेषताएँ होती हैं— शांति, प्रेम, प्रसन्नता, विवेक/सच्चाई व शुद्धता।

गुण हमारी विशेषता को प्रकट करते हैं और शब्दों, कर्मों व विचारों के माध्यम से हमारे मूल्यों को प्रकट करते हैं।

जब भी हमारे मूल्यों को मदद की आवश्यकता होती है तो वे सद्‌गुणों की सहायता लेते हैं। वे मूल्य परदे के पीछे छिपे रहते हैं और मदद के समय सामने आ जाते हैं।

निम्नलिखित शक्तियाँ बहुत उपयोगी हैं—

समायोजन की शक्ति : लोगों या स्थितियों के अनुसार अनुकूलन करने तथा वातावरण से अप्रभावित रहने की योग्यता। अपनी मरजी दूसरों पर थोपने की बजाय जो भी हुआ, उसे सही मायनों में जानने की शक्ति।

विवेक करने की शक्ति : यह शक्ति हमें वास्तविकता तथा सत्य, अस्थायी व शाश्वत मूल्यों तथा कृत्रिम व सूक्ष्म के बीच अंतर करना सिखाती है। यह हमें मदद करती है कि हम भ्रम के जाल से बाहर आ सकें, भले ही वह भ्रम कितने भी लुभावने रूपों में क्यों न छिपा हो। और फिर हम पूरे विवेक व आत्मविश्वास के साथ कार्य कर सकें।

परखने की शक्ति : यह शक्ति हमें किसी भी परिस्थिति में अनासक्त व

तटस्थ बने रहना सिखाती है और इस तरह हम पूरी सूक्ष्मता के साथ ऐसे निर्णय ले पाते हैं, जो उसमें शामिल लोगों के सम्मान तथा शुभकामनाओं पर आधारित होते हैं।

पैकअप करने की शक्ति : एक ही क्षण में व्यर्थ के विचारों को परे धकेलने की शक्ति को ही 'पैकअप करने की शक्ति' कहते हैं, ताकि हमें चिंताओं तथा भार से सहजता व स्वतंत्रता मिल सके। हो सकता है कि हम बहुत सी जिम्मेदारियों से घिरे हों, हम उनके साथ चिंताएँ भी पाल लेते हैं। यदि हम स्व में गहराई तक जाएँ तो अतीत, वर्तमान तथा भविष्य को कुछ समय के लिए पैकअप कर सकते हैं और उस समय हम असीम चेतना का अनुभव करते हैं, जिससे सबकुछ एक नए नजरिए के साथ सामने आता है।

अपने आपको हटा लेने की शक्ति : हमारे पास पूरी सजगता के साथ किसी परिस्थिति से अपने मन को हटाने की शक्ति होनी चाहिए और हमें किसी निर्देशक की तरह दृश्य को देखते हुए विचार करना चाहिए कि ऐसा कोई काम कैसे करें, जिससे हमारी मानसिक शांति भंग न हो।

प्रयोग

अपने जीवन की किसी चुनौतीपूर्ण परिस्थिति के बारे में विचार करें और सोचें कि उस समय यहाँ दी गई कौन सी शक्ति आपके लिए उपयोगी हो सकती थी। कम-से-कम 21 दिन तक इसका अभ्यास करें, ताकि वह एक आदत में बदल जाए और फिर देखें कि क्या होता है।

□

भाग-3

इसे संभव कर दिखाएँ

सामूहिक परिवर्तन के लिए मूल्यों पर आधारित कार्यशाला व गतिविधियाँ,

हम जो भी बदलाव लाना चाहें, पहले उसे अपने जीवन में उतारना होगा।

—महात्मा गांधी

सामूहिक परिवर्तन के लिए कार्यशाला व गतिविधियाँ

परिचय

चूँकि मूल्यों को जीने तथा अनुभव करने के साथ-साथ अन्वेषण करते हुए समझा जाना चाहिए। यह कार्यशाला प्रतिभागियों के लिए सहायक होगी, ताकि वे यह पता लगा सकें कि वे उन मूल्यों को व्यावहारिक जीवन में कैसे लागू कर सकते हैं, जो हमारी दैनिक गतिविधियों के मार्गदर्शन में सहायक होते हैं। विविध व्यवसायियों द्वारा तैयार की गई कार्यशालाओं को निम्नलिखित के लिए विकसित किया गया है—

- वैश्विक फोरम
- संगठन, व्यवसाय तथा स्वास्थ्य की देख-रेख से जुड़ी संस्थाएँ
- समुदाय तथा अन्य विस्तृत नगरीय व सामाजिक इकाइयाँ
- व्यवस्थित शिक्षण के परिवेश में परिवार
- प्राथमिक एवं माध्यमिक स्कूल

इन कार्यशालाओं में कक्षा का पाठ्यक्रम नहीं है, जिसके लिए किसी अध्यापक की आवश्यकता होती है। कार्यशालाओं के लिए किसी समूह नेता या प्रशिक्षक की आवश्यकता होती है। एक अनुभवी प्रशिक्षक किसी भी सामग्री को बेहतर रूप में प्रस्तुत कर सकेगा। हमने इन कार्यशालाओं को जिस तरह से प्रस्तुत किया है, उसे देखते हुए यदि कोई अनुभवहीन व्यक्ति भी प्रशिक्षक बनना चाहे और पूरी रुचि के साथ सकारात्मक घटनाओं के घटने की इच्छा रखता हो तो वह भी समर्थन और प्रोत्साहन के बल पर एक अच्छा प्रशिक्षक बन सकता है। किसी कार्यशाला को

कारगर बनाने के लिए प्रशिक्षक की ओर से जो भी प्रयास व तैयारी की जाती है, उसे निश्चित रूप से प्रतिभागियों की ओर से सराहना मिलती है और प्रशिक्षक को इससे जो व्यक्तिगत लाभ होते हैं, उनकी तो गणना ही नहीं की जा सकती।

प्रशिक्षक की भूमिका

प्रशिक्षक की भूमिका यही है कि वह एक साफ व सुरक्षित स्थान पर शिक्षण का वातावरण उपस्थित करे, जिससे प्रत्येक प्रतिभागी के लिए एक सकारात्मक अनुभव सामने आ सके।

एक प्रभावी समूह प्रशिक्षक निम्नलिखित व्यवहारों का प्रदर्शन करता है—

1. सत्रों की समयावधि का प्रबंधन।
2. समूह की काररवाई को व्यवस्थित रखता है।
3. कार्यक्रम की बनावट तथा स्वाभाविक प्रवाह के बीच एक संतुलन बनाए रखता है।
4. समूह के प्रत्येक सदस्य को पूरा सम्मान व सहयोग प्रदान करता है।
5. वह तटस्थ भाव अपनाता है। किसी भी बात पर अपनी अनुभवी राय दिए बिना और उसकी परख किए बिना उसे ज्यों-का-त्यों स्वीकार करता है।
6. वह दल के सदस्यों की भावनाओं के प्रति संवेदनशील होता है और अमौखिक संकेतों को भी पहचानता है; जैसे—समूह को किस समय पाँच-छह मिनट के अवकाश की आवश्यकता होगी, वे कब क्लांत अनुभव कर रहे हैं।
7. लोगों को धमकाए बिना उन्हें सहज व शांत भाव से अपने सहयोग के लिए प्रोत्साहित करता है, जैसे—'आप में से कुछ शांत बैठे लोगों ने निश्चित रूप से इस बारे में सोचा होगा' या 'जॉन और जुआन आपस में बहुत से रोचक विचार बाँट रहे हैं।' 'उन लोगों के बारे में क्या कहें, जिन्होंने अभी तक हमसे अपने विचार नहीं बाँटे।'
8. मौन का प्रभावी रूप से प्रयोग करें, जैसे प्रतिभागियों को पर्याप्त समय प्रदान करें, ताकि वे किसी प्रश्न के लिए उत्तर तलाश सकें या उन्हें मौन भाव से मनन के लिए भी पर्याप्त समय दिया जाए।

बुनियादी नियम

समूह की चर्चा को प्रभावी बनाने के लिए प्रशिक्षक को कुछ बुनियादी नियम

लागू करने होंगे या प्रतिभागियों को भी आगे आकर अपने दल के लिए कुछ सामान्य नियम बनाने होंगे। यहाँ कुछ उदाहरण प्रस्तुत हैं—

1. सही समय पर सत्र का आरंभ व अंत
2. सक्रिय भाव से भागीदारी
3. सुनना व समझना
4. ईमानदार व सहज बने रहें
5. एक-दूसरे के विचारों का आदर
6. कोई भी विचार बुरा नहीं होता
7. अपने मानसिक भार को बाहर छोड़ दें
8. अहिंसा को समर्थन—किसी को आहत करनेवाले शब्दों का प्रयोग न हो
9. गोपनीयता का आदर तथा विश्वास बनाए रखना
10. सामूहिक भावना को प्रोत्साहन।

पूरा आनंद लें।

□

व्यक्ति

आंतरिक नेतृत्व कार्यशाला[1]

परिचय

गहरे दबावों से घिरे जगत् में संसार के साथ हमारे व्यवहार के लिए प्रभावोत्पादकता तथा निरंतरता की माँग बढ़ी है और साथ ही यह भी माँग की जाने लगी है कि हमारे संबंधों में भावात्मक रूप से संवेदनशीलता में वृद्धि होनी चाहिए। जीवन के लिए सहायक ये दोनों बातें तभी संभव हैं, जब हम भीतर से अपने आपको नियंत्रित रखना जानते हों।

हमारे पास दो जीवन हैं—एक, जिसे हम जीते हैं और दूसरा, वह हमारे पास तब हो सकता था, अगर हम यह समझने के योग्य हो पाते कि हमारे भीतर बसने वाले मूल्यों व शक्तियों की संभावना को कैसे मुक्त किया जा सकता है। हमें इस जीवन को न केवल लंबाई तक, बल्कि इसके विस्तृत रूप में भी जीने के योग्य बनाना होगा। केवल स्वचालित रूप से जीने के अतिरिक्त भी इस संसार में बहुत कुछ है। एक से दूसरे दिन और एक से दूसरी परिस्थिति पर निरंतर जाने के अतिरिक्त भी बहुत कुछ किया जा सकता है। वास्तविक और दीर्घकालीन परिवर्तन झटपट लागू होनेवाले उपायों से नहीं आता। इसके लिए आपके गहन उद्देश्य तथा आत्मानुशासन का भाव होना चाहिए, ताकि आपके उद्देश्य को एक दिशा दी जा सके।

आधुनिक जगत् में नेतृत्व के विषय का काफी हद तक शोषण किया गया है। इसके अतिरिक्त आंतरिक नेतृत्व तथा इसकी संभावनाओं के विषय पर भी बहुत कम चर्चा की गई है। इसका कारण है कि यदि हम वास्तव में दूसरों का नेतृत्व करने की

---

1. केन ओ डॉनेल द्वारा तैयार ब्राजील में गुणवत्ता प्रबंधन तथा संस्थागत विकास के विशेषज्ञ।

योग्यता पाना चाहते हैं तो पहले हमें अपना नेतृत्व करना सीखना होगा। जिस काम को हम स्वयं नहीं कर सकते या स्वयं जिस प्रतिभा को नहीं दिखा सकते, उसे हम दूसरों से कैसे माँग सकते हैं?

'क्या?', 'क्यों?', 'कैसे?' आदि इसी आंतरिक नेतृत्व कार्यशाला के प्रश्न हैं।

उद्देश्य या लक्ष्य

प्रमुख उद्देश्य यही है कि लोगों को आनंद व अन्वेषण से भरपूर जीवन का आधार समझने में मदद की जा सके। इस प्रकार प्रतिभागियों को पहचान, उद्देश्य तथा दिशा के भाव को समझने में मदद मिलेगी और वे उन सभी बातों से छूटने की प्रक्रिया आरंभ कर सकेंगे, जिनके कारण वे बँधे हुए हैं।

यह किनके लिए है?

इस विषय का अभ्यास व्यक्तिगत रूप से या तीस व्यक्तियों के समूह में किया जा सकता है। यह उन लोगों के लिए है, जो यह जानना चाहते हैं कि वे अपने जीवन को एक सकारात्मक दिशा में लाते हुए अपने लिए एक बेहतर भविष्य कैसे रच सकते हैं और अपने आसपास के लोगों को भी उसका लाभ कैसे दे सकते हैं।

अवधि

इस कार्यशाला को 90-120 मिनट के तीन भागों में विभाजित किया गया है। यह अवधि आपके द्वारा चाही गई गहनता पर भी निर्भर करती है। इसे आप आधे दिन के सत्र में भी बदल सकते हैं। यह कार्यशाला परिचयात्मक है, इसलिए यह प्रतिभागियों को प्रोत्साहित या प्रेरित कर सकती है कि वे अपने खाली समय में इन्हीं विषयों को गहराई से जानें।

कार्यशाला की बनावट

प्रत्येक कार्यशाला में निम्नलिखित चार पक्ष आवश्यक रूप से होते हैं—

- प्रशिक्षकों के लिए निर्देश (यदि आप इन्हें व्यक्तिगत रूप से कर रहे हों तो आपको इन्हें देखने की आवश्यकता नहीं है)।
- प्रासंगिक उदाहरणों सहित संक्षिप्त व्याख्या।
- अभ्यास, जिसे एक नोटबुक में भी लिखा जा सकता है।
- विचार व मनन।

□

आंतरिक नेतृत्व कार्यशाला

भाग-1 : एकात्मता का भाव (मैं कौन हूँ?)

(90–120 मिनट)

1.1 परिचय

अपना तथा कार्यशाला का संक्षेप में परिचय दें। यह उनके लिए आदर्श होना चाहिए, जो जीवन में कुछ पाने और अपनी बेहतर समझ पाने की इच्छा से आए हैं। प्रतिभागियों से कहें कि वे अपने लिए कोई साथी चुनें और परस्पर साक्षात्कार करें। उनसे कहें—

- अपना परिचय दें।
- पिछले बारह माह में यदि कोई सकारात्मक अनुभव हुआ हो तो उसे बाँटें।
- इसे पूरे दल के साथ बाँटें।

इसका उद्देश्य यही है कि प्रतिभागी परस्पर सहज भाव से बातचीत कर सकें।

इसी क्रम में प्रतिभागियों से झटपट बातचीत करें। उन्हें बताएँ कि उचित समय आने पर आप हर भाग के विषय में विस्तार से बात करेंगे।

- भाग–1 : मैं कौन हूँ?
- भाग–2 : उद्देश्य—मैं वास्तव में क्या बनना व करना चाहता हूँ?
- भाग–3 : मैं कहाँ जाना चाहता हूँ?

1.2 एक अनासक्त निरीक्षक बनें

एक अनासक्त निरीक्षक की अवधारणा को विस्तार से समझाएँ और उन्हें बताएँ कि वे इसी मानसिक अवस्था के साथ अपने मूल्यांकन करें। हमें तिषय के भीतर नहीं, बल्कि बाहर रहना होगा। इसका अर्थ होगा कि जिन विषयों पर चर्चा की जा रही हो, हम स्वयं को उनसे अलग रखें, ताकि हम किसी भी प्रकार के भावात्मक खिंचाव से बचाव कर सकें। यदि आप एक अनासक्त निरीक्षक बन सके तो इस शक्तिशाली मानसिक अवस्था के साथ सभी प्रमुख विषयों को स्वीकार कर सकेंगे। इससे चिंतन क्षमता स्पष्ट होगी और पहले से कहीं अधिक अंतर्दृष्टि-युक्त हो पाएगी। यह वास्तत्र में सत्य है कि यदि हम भावात्मक रूप से किसी परिस्थिति में शामिल हैं तो सभी मसलों व दृष्टिकोणों को बाहरी रूप से देख पाना वास्तव में कठिन होगा।

1.3 इस अस्त-व्यस्तता के बीच भी केंद्र बनाए रखना

उन्हें विस्तार से बताएँ कि एकात्मता भाव के साथ हम किस प्रकार समय के साथ बदलती भूमिकाओं की खींचतान के बीच भी अपने चरित्र की शक्ति बनाए रख सकते हैं, जैसे—एक माँ को प्रसन्नता होगी कि उसके बच्चे की स्कूल में

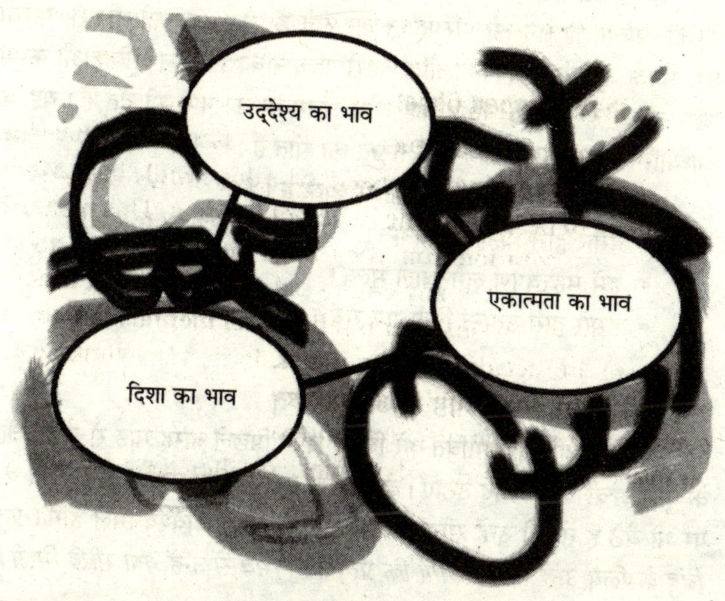

प्रशंसा हुई या उसे खेलों के लिए पुरस्कार दिया गया; परंतु यदि उसे पता चले कि उसके बच्चे ने स्कूल में अच्छा बरताव नहीं किया और शरारत करके सबको मुश्किल में डाल दिया तो उसे अच्छा नहीं लगेगा। सच्चे एकात्म भाव का अर्थ होगा कि हम कैसा अनुभव करेंगे, यह चुनाव हम स्वयं कर सकते हैं।

इसके लिए दो प्रतिमान हैं—

1. हमारे आसपास क्या घट रहा है।
2. हम इसके बारे में कैसा अनुभव करते हैं (भूमिका से हमारी पहचान)।

मैं आज कैसा अनुभव करना चाहता हूँ? मेरे आसपास क्या घट रहा है? (स्पष्ट एकात्म भाव तथा भावों पर नियंत्रण के साथ आसानी से एक तटस्थ निरीक्षणकर्ता बन सकते हैं।)

एकात्म भाव होने से अपने उद्देश्य को समझने में आसानी होगी, जिससे हम अपनी दिशा को भी आसानी से देख सकेंगे। ये तीन पहलू—एकात्म भाव, उद्देश्य तथा दिशा एक मार्गदर्शक की तरह कष्टकारी परिस्थितियों में भी हमारी मदद करेंगे। इस तरह हमारे लिए आगे बढ़ने का मार्ग प्रशस्त होता जाएगा—

1.4 एकात्मता का भाव

विस्तार से बताएँ कि किस प्रकार लोग जीवन में अपनी भूमिकाओं के आधार पर ही अपनी पहचान को परिभाषित कर लेते हैं; जैसे—उनकी नौकरी, परिवार, घर, संपर्क व पसंद आदि। हालाँकि गहरी पहचान का भाव इन भूमिकाओं के पीछे छिपे नायक से जुड़ा है, जिसे कई लोग अंतरात्मा का नाम भी देते हैं। यह वही आध्यात्मिक नायक है, जो निम्नलिखित का स्रोत है।

- हर प्रकार की परिस्थितियों में व्यवहार।
- हमारे द्वारा किए गए चुनाव।
- हमें महत्त्वपूर्ण लगनेवाले मूल्य।
- हमारे द्वारा उत्पन्न किए गए संबंध।

1.5 मेरे पिछले बारह माह से आए संकेत

प्रतिभागियों को आमंत्रित करें कि वे अपने पिछले बारह माह से अपने जीवन के कुछ अच्छे व बुरे बिंदु उठाएँ। दोनों तरह के 4-5 बिंदु पर्याप्त होंगे। यदि वे घर पर भी बैठे हैं तो भी उन्हें सीखने के लिए कुछ सबक अवश्य मिले होंगे। *प्रत्येक बिंदु के लिए उन्हें सोचना होगा कि प्रत्येक अनुभव से उन्हें क्या सीख मिली।*

प्रतिभागियों के लिए यह बहुत महत्त्व रखता है कि वे अपने प्रति ईमानदारी बरतें। उन्हें यह कार्य करते हुए एक तटस्थ व निष्पक्ष निरीक्षक की भूमिका निभानी होगी।

हल्के मीठे संगीत के साथ उन्हें गहराई से सोचने में मदद मिलेगी।

यहाँ कुछ उदाहरण दिए जा रहे हैं—

अच्छे बिंदु

उच्चतम बिंदु	प्रमुख शिक्षण	निम्नतम बिंदु	प्रमुख शिक्षण
मैंने चीन यात्रा की।	मैंने दूसरी संस्कृतियों के प्रति मुक्त रवैया अपनाया।	मेरे पुत्र से मेरी बहुत बहस हुई।	परिवार में आपसी तालमेल मेरे लिए बहुत मायने रखता है।
अंततः मेरे हाथों मेरा घर बनकर तैयार हो गया।	अपने दिमाग के साथ-साथ हाथों का प्रयोग करना भी अच्छी बात है।	समय के अभाव में ध्यान का अभ्यास नहीं कर पाता।	मैं ईश्वर के बिना नहीं रह सकता।
मैंने एक व्यक्ति के साथ मन-मुटाव दूर किया, जो मेरे लिए बहुत महत्त्व रखता है।	उसमें दोषों के स्थान पर गुणों की संख्या अधिक है।	मैंने अपनी नई कार को बुरी तरह से चोट पहुँचाई।	मुझे अपने मोह को घटाना होगा।
मैंने नौकरी छोड़ दी।	मुझे अपने आत्म-विश्वास को बढ़ाना होगा।	मैंने अपने बॉस से झूठ कहा।	झूठ बालने से मेरे आत्मसम्मान को ठेस लगती है।
मैंने एक जटिल रिपोर्ट पर कार्य पूरा किया।	धैर्य व संकल्प मेरे लिए सहायक हैं।	मेरे आईडी और क्रेडिट कार्ड सहित पर्स चोरी हो गया।	मुझे अधिक सावधान रहना होगा।

प्रतिभागी कॉपी में एक रिक्त सूची बनाकर अपना अभ्यास कर सकते हैं और अपने उदाहरण लिख सकते हैं।

1.6 मेरी शक्तियाँ

प्रतिभागियों को आमंत्रित करें कि वे पिछले बारह माह में किए गए कामों पर नजर डालते हुए उन कामों के बारे में बात करें, जिनके द्वारा उन्होंने किसी को लाभ

पहुँचाया हो या जिन कामों को करने से उन्हें प्रसन्नता मिलती हो।

इस अभ्यास से उन्हें बेहतर अंतर्दृष्टि प्राप्त होगी कि उन्हें अपने लिए क्या उद्‌देश्य चुनना होगा।

एक खाली कागज पर इस प्रश्न का उत्तर लिखें—

मैं ऐसा क्या काम अच्छी तरह से कर सकता हूँ, जिससे दूसरों का कल्याण हो सके?

1.7 मेरे संबंधों से संकेत

जीवन संबंधों पर टिका है। हमारे जीवन की गुणवत्ता हमारे संबंधों की गुणवत्ता से ही परिभाषित होती है। हमारे संबंधों की गुणवत्ता उनके प्रति हमारे बोध तथा अनुभव पर आधारित है। यह दूसरों के साथ हमारे मेल-जोल पर आधारित होता है। यदि हम दूसरों के साथ कोई मेल-जोल ही नहीं रखेंगे तो हमारे संबंध ही नहीं रहेंगे। यदि हम बुनियादी रूप से अपने संबंधों में सुधार चाहते हैं तो हमें समझना होगा कि हम वास्तव में अपने संबंधों को क्या दे सकते हैं या उनसे क्या ले सकते हैं। यहाँ सकारात्मक पक्ष पर गौर करना बहुत महत्त्व रखता है। निम्नलिखित चित्र को देखें—

प्रतिभागी अपनी कॉपी में भी इस चित्र को उतार सकते हैं। उनसे कहें कि अनासक्त निरीक्षक के रूप में यह जानने का प्रयास करें कि वे हर संबंध को

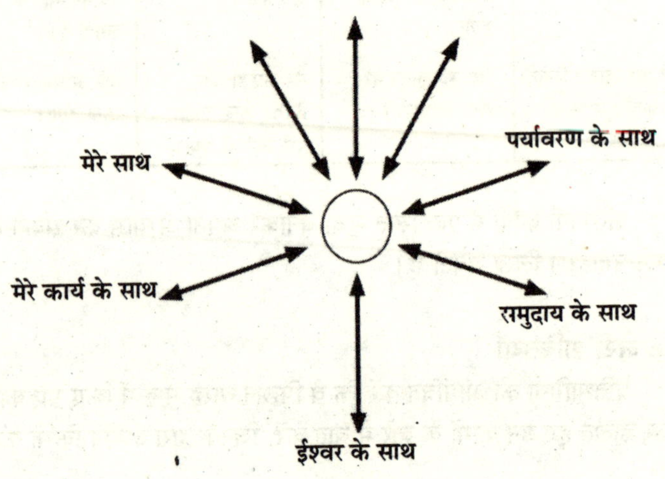

सकारात्मक रूप से क्या देते हैं और वे हर संबंध से सकारात्मक रूप से क्या लेते हैं।

आप उनके मनन के दौरान हल्का संगीत चला सकते हैं, ताकि वे हर संबंध के बारे में गहराई से विचार कर सकें। प्रतिभागी चित्र में आदान प्रदान से संबंधित एक शब्द या एक वाक्य लिख सकते हैं।

1.8 अपने लिए मेरा परामर्श

प्रतिभागियों को आमंत्रित करें कि वे एक तटस्थ व अनासक्त निरीक्षक की भूमिका में ही स्वयं से इन प्रश्नों का उत्तर माँगें—

1. जैसा जीवन मैं जी रहा हूँ, वैसा जीवन क्यों जीता हूँ?
2. क्या मैं अपना जीवन बेहतर तरीके से जी सकता हूँ?
3. अपने जीवन को और प्रभावी रूप में जीने के लिए पिछले बारह माह को देखते हुए मैं स्वयं को तीन प्रमुख परामर्श क्या दे सकता हूँ? (मुझे ऐसा करना चाहिए'''के साथ अपने लिए परामर्श दें।)

जैसे—

- मुझे अपने पर और अधिक विश्वास होना चाहिए।
- मुझे और अधिक मुसकराना सीखना होगा।
- मुझे दूसरों के भीतर दोषों को नहीं, बल्कि गुणों को देखने की आदत डालनी होगी।

1.9 मनन

आराम से बैठ जाएँ और धीरे-धीरे अपनी चेतना को निरासक्त या तटस्थ निरीक्षक की भूमिका में आने दें। कल्पना करें कि आप थिएटर में सबसे आखिरी पंक्ति में बैठे हैं और वहाँ से अपने जीवन को मंच पर अभिनीत होते देख सकते हैं। आप देखते हैं कि पिछला साल अपनी सारी अच्छी व बुरी घटनाओं के साथ आपके सामने से निकल रहा है। आप उन सबकों को याद करते हैं, जो आपने उस दौरान सीखे हैं। आप याद करते हैं कि आप भूमिकाएँ नहीं बल्कि नायक हैं। आप एक आध्यात्मिक जीव हैं, जो मानवीय अनुभव ले रहा है और कोई मनुष्य नहीं, जो आध्यात्मिक अनुभव पाना चाहता हो। इस अवस्था में आप देखते हैं कि आपके आसपास के संबंध आपकी सोच और करनी के साथ कैसे बनते व बिगड़ते हैं।

आपको एहसास होता है कि आपके भीतर एक विशेष शक्ति है, जिसे अपनी इच्छानुसार सामने ला सकते हैं। आपको याद है कि आपने स्वयं को क्या प्रमुख परामर्श दिया है और आप अनुभव करते हैं कि हाँ, वास्तव में आप उस दिशा में अग्रसर हो सकते हैं।

□

आंतरिक नेतृत्व कार्यशाला

भाग-2 : उद्देश्य का भाव—मैं वास्तव में क्या बनना व करना चाहता हूँ? *(90-120 मिनट)*

2.1 हमारे जीवन में विश्वासों की भूमिका

हम अपने तथा दूसरों के बारे में जो विश्वास रखते हैं, वही हमारे गहन उद्देश्य के भाव के साथ जीने की राह में सबसे बड़ी बाधा के रूप में सामने आ जाते हैं।

प्रतिभागियों को आमंत्रित करें कि वे आपसे इस प्रश्न पर चर्चा करें कि हम अपने बारे में, दूसरों के बारे में तथा इस संसार के बारे में जो भी विचार रखते हैं, वे हमारे काम करने तथा दूसरों के साथ मेल-जोल रखने के तौर-तरीकों को किस तरह प्रभावित करते हैं।

वे इस निष्कर्ष तक पहुँचें कि विचार हमारे जीवन पर पूरा वर्चस्व रखते हैं। हम इस संसार में अपने प्रति जो भी बोध रखते हैं, वह हमारे विश्वास तंत्र से होकर ही हम तक आता है; जैसे—अगर मुझे लगता है कि मैं बहुत ही महत्त्वपूर्ण व्यक्ति हूँ और मुझे पूरी गंभीरता से लिया जाना चाहिए तो मैं बहुत गहराई से अपमानित अनुभव करता हूँ। अगर मेरे पास स्वाभिमान होगा तो मैं उन अपमानों से प्रभावित नहीं होने वाला; परंतु मैं उन्हें पहचान अवश्य लूँगा।

एक प्राचीन चीनी कहानी के अनुसार, एक व्यक्ति की कुल्हाड़ी खो गई थी। उसे विश्वास था कि उस कुल्हाड़ी को उसके पड़ोसी ने चुराया है, इसलिए उसने अपना सारा सामान ताले में रखना आरंभ कर दिया और उस पड़ोसी से बात तक करना छोड़ दिया। उसे पक्के तौर पर भी नहीं पता था कि पड़ोसी ने चोरी की भी है

या नहीं। जब उसे अपनी कुल्हाड़ी मिल गई तो उसे वही पड़ोसी भला दिखने लगा, जो उसे पहले चोर लगने लगा था।

अगर मैं यह मानता हूँ कि यह दुनिया जीने के लिए बहुत खतरनाक है तो मैं भयभीत रहूँगा और सबके साथ एक दूरी बनाकर रखूँगा।

प्रतिभागियों से कहें कि वे अपने उदाहरण प्रस्तुत करें।

2.2 सीमाओं से बँधे विश्वास

निम्नलिखित उदाहरणों को विस्तार से पेश करें। यह पिछले बारह माह में बार-बार सामने आनेवाले ढाँचों का वर्णन है। इससे पता चलता है कि हम अपनी सीमाओं को जताने के लिए किस प्रकार सफाई पेश करते हैं। प्रायः ये सीमाएँ हम स्वयं ही अपने पर थोप लेते हैं, इसलिए इन्हें तोड़ने का कार्य भी केवल हम ही कर सकते हैं। प्रतिभागियों से कहें कि वे पिछले बारह माह के दौरान अपने संबंधों पर नजर डालें और इन प्रश्नों से जुड़े उत्तरों को सूची में भरें—

- मैं स्वयं को सीमाओं में कैसे बाँधता हूँ?
- मैं अपनी सीमाओं का स्पष्टीकरण किन शब्दों में करता हूँ?

यहाँ कुछ उदाहरण दिए जा रहे हैं—

मैं स्वयं को सीमाओं में कैसे बाँधता हूँ?	**मैं इन सीमाओं के लिए क्या सफाई पेश करता हूँ?**
मैं यथासंभव जितना पा सकता हूँ, हमेशा उतना ही पाता हूँ।	कोई इससे अधिक कर भी कैसे सकता है?
मैं लोगों के गुण देखने से पहले उनके दोषों पर ध्यान देता हूँ।	हर व्यक्ति स्वार्थी है और अपना स्वार्थ देखता है। मुझे क्यों नहीं देखना चाहिए?
मैं उन लोगों को प्रसन्न करने के लिए कार्य करता हूँ, जिनका ध्यानाकर्षण पाना चाहता हूँ।	मुझे अपने सहकर्मियों से पहचान चाहिए।
मैं सदा अच्छी तरह परियोजना आरंभ करता हूँ, पर कभी समय पर पूरी नहीं कर पाता।	मेरे पास पर्याप्त समय नहीं है।

प्रतिभागी कॉपी में एक रिक्त सूची बनाकर अपना अभ्यास कर सकते हैं और अपने उदाहरण लिख सकते हैं।

2.3 मेरे बुनियादी विश्वास

पिछले अभ्यास के नतीजों के आधार पर प्रतिभागियों को आमंत्रित करें कि वे आत्मनिरीक्षण की अवस्था में आएँ और अपनी प्रगुख सीमा व विश्वास को पहचानें और यह देखें कि उसे एक नए बुनियादी विश्वास के रूप में कैसे बदला जा सकता है, ताकि एक बेहतर जीवन जिया जा सके। ये नतीजे उनकी कॉपी में होने चाहिए; जैसे—

सीमित करनेवाली धारणा	बेहतर जीवन के लिए नई बुनियादी धारणा
मैं कभी अच्छा रसोइया नहीं बन सकता।	अगर मैं पर्याप्त समय दूँ तो कोई भी मनचाहा काम कर सकता हूँ।
मुझे अपनी सफलता पर भरोसा नहीं है।	मेरे पास वह सब है, जो सफलता पाने के लिए होना चाहिए।

2.4. मेरे प्रमुख सद्गुण

निम्नलिखित प्रमुख सद्गुणों की सूची देखें—

स्वीकृति	विश्वस्त	विवेकी	सत्कारशील	संयमी	आत्मसंयमी	कोमल
सटीक	विचारशील	किफायती	विनयी	उदार	आत्मानुशासित	अक्लांत
अनुकूलन-शील	संतुष्ट	समानुभूति-पूर्ण	आदर्शवादी	अहिंसक	संवेदनशील	सहिष्णु
प्रामाणिक	सहयोगी	ऊर्जान्वित	निष्पाप	आज्ञाकारी	प्रशांत	कठोर
संतुलित	साहसी	उत्साही	संपूर्ण	मुक्त	सेवाभाव	शांत
स्नेही	शिष्ट	निष्ठावान्	अंतर्मुखी	आशावादी	निःशब्द	विश्वासी
वीर	रचनात्मक	दृढ	आनंदी	संगठित	सादा	विश्वस्त
निश्चित	समर्पित	लोच-युक्त	न्यायी	धीर	गंभीर	सत्यवादी
परवाह करनेवाला	अनासक्त	केंद्रित	दयालु	शांत	सचेत	संगठित
सावधान	संकल्पी	क्षमाशील	उदार	हठी	शाश्वत	दार्शनिक
प्रसन्नचित्त	गरिमामयी	मैत्रीपूर्ण	सहज	मनीषी	स्थिर	जीवंत
स्वच्छ	उद्यमी	उदार	स्नेही	विशुद्ध	सशक्त	संकल्प-शक्ति

प्रतिबद्ध	कूटनीतिज्ञ	कृतज्ञ	निष्ठावान्	सम्मानपूर्ण	आत्मसमर्पित	बुद्धिमान
संप्रेषण	प्रत्यक्ष	ईमानदार	परिपक्व	उत्तरदायी	मधुर	कर्मठ
करुणामयी	विवेकी	आदरणीय	दयालु	व्यवहार-कुशल		

प्रतिभागियों से कहें कि वे इस सूची में से चार ऐसे गुण छाँटें, जिनका उन्होंने पिछले बारह माह में सबसे अधिक प्रयोग किया हो और उनसे कहें कि नीचे दिए गए चित्र के अनुसार उन्हें अपनी कॉपी में लिखें।

उन्हें कहें कि वे अपने कार्यों तथा गतिविधियों में प्रयुक्त होनेवाले गुणों को लिखें। फिर इसके बाद अपने संबंधों में दोहराए जानेवाले दो गुण लिखें।

अंत में उनसे कहें कि वे इन नौ गुणों या विशेषताओं में से अपने लिए प्रमुख गुण चुनें, जो उनके लिए इस समय सबसे अधिक महत्त्वपूर्ण रहा हो। जब वे ऐसा कर लें और अगर समय बचा हो तो उनसे कहें कि वे इस जानकारी को दूसरे प्रतिभागियों के साथ बाँटें।

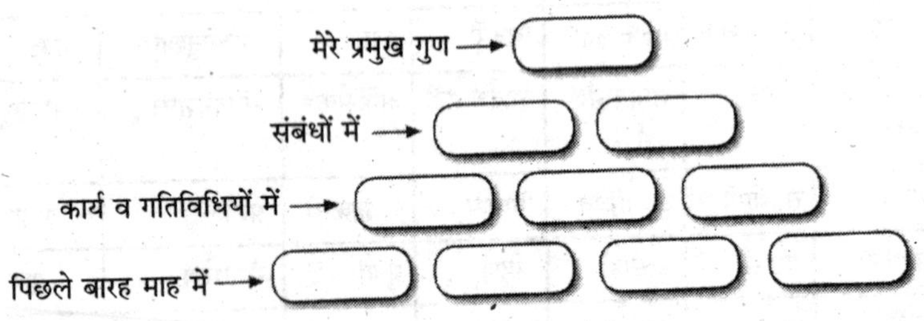

2.5 गुण तथा उद्देश्य

उन सबसे कहें कि उद्देश्य हमारे गहन सद्गुणों का प्रकटीकरण है। उदाहरण के तौर पर, जब आप सड़क पर लगे किसी लैंप को देखते हैं तो पाते हैं कि इसकी सारी बनावट केवल इसी उद्देश्य के साथ तैयार की गई है कि यह रोशनी दे सके। इसी तरह सद्गुण हमें आंतरिक ढाँचा प्रदान करते हैं। हमें इस संसार में क्या करना है, इस बात से उनका गहरा संबंध है। हम अपने भीतर से जो भी हैं, जब हम स्वयं को उसी रूप में प्रकट कर पाते हैं तो स्वयं को बहुत हलका पाते हैं और हमें

प्रसन्नता का अनुभव होता है।

वे इस विचार पर आ सकें कि जब हम अपने उद्देश्य के साथ जीते हैं तो जीवन हमारे लिए प्रवाहित होता है। आपको अपना उद्देश्य पूरा करने के लिए जिस भी वस्तु की आवश्यकता होगी, वह सही समय आने पर आपके सामने प्रकट हो जाएगी। उनसे कहें कि वे उदाहरण दें कि जब वे यह महसूस करते हैं कि ब्रह्मांड उनके अनुकूल घटनाएँ रच रहा है तो उन्हें कैसा लगता है।

2.6 मेरे उद्देश्य की तलाश

प्रतिभागियों से कहें कि वे जोड़े बनाकर इन प्रश्नों के उत्तर जानने की चेष्टा करें—

- यदि आपके पास अपने सच्चे स्व को पाने या अपना मनचाहा करने की आजादी होती तो आप क्या करते?
- आप किस क्षेत्र में इसे प्रकट करना चाहते?
- आप किसके साथ इसे प्रकट करना चाहते? (यदि कोई है)

उनसे कहें कि वे निम्नलिखित वाक्यों में दिए गए रिक्त स्थानों को भरते हुए अपने प्रश्नों के उत्तर दें—

*मैं अपने सद्गुण का प्रयोग के लिए करूँगा।*________________

उन्हें निम्नलिखित उदाहरणों की तरह इन रिक्त स्थानों की पूर्ति करनी होगी—

- मैं अपनी पूरी क्षमता के साथ ऐसा नेटवर्क तैयार करने के लिए कार्य करूँगा, जिससे अल्प सुविधा प्राप्त युवा वर्ग तथा बृहत्तर समुदाय के बीच की खाई को भरा जा सके, उनके बीच एक सेतु बनाया जा सके।
- मैं अपनी संप्रेषण क्षमता का प्रयोग करते हुए लोगों को सिखाऊँगा कि वे एक बेहतर और प्रसन्नतादायक जीवन कैसे जी सकते हैं?
- मैं अपने स्नेही और देखरेख-युक्त वातावरण के साथ अपने बच्चों को इस तरह पालूँगा कि वे अच्छे व समझदार वयस्क बन सकें।

2.7 मनन

आराम से बैठ जाएँ और धीरे-धीरे अपनी चेतना को निरासक्त या तटस्थ निरीक्षक की भूमिका में आने दें। कल्पना करें कि आप थिएटर में सबसे आखिरी पंक्ति में बैठे हैं और आप वहाँ से अपने जीवन को मंच पर अभिनीत होते देख सकते हैं। उन सभी विश्वासों को देखें, जो आपके जीवन को आकार दे रहे हैं और

साथ ही यह देखें कि किन कारणों से आप अपनी ही प्रगति की राह में बाधा बन रहे हैं। अपने बुनियादी विश्वासों को आगे लाते हुए उनके महत्त्व को मान दें। अपने पिरामिड में लिखे सभी दस सद्‌गुणों पर विचार करें और अनुभव करें कि किस प्रकार वे संसार में आपकी वास्तविकता को प्रतिबिंबित करते हैं। उस सद्‌गुण पर विशेष रूप से केंद्रित हों, जिसे आप अपने लिए प्रमुख मानते हों। उन वाक्यों को देखें, जिनमें आपने इन सद्‌गुणों के साथ किसी कार्यक्षेत्र को जोड़ा या जिन्हें अपने उद्‌देश्य के रूप में लिखा है। अपने मन को भविष्य की ओर भेजें और देखें कि उद्‌देश्य का भाव किस ओर संकेत दे रहा है।

□

आंतरिक नेतृत्व कार्यशाला

भाग-3 : दिशा का भाव (मैं कहाँ जाना चाहता हूँ?)
(90-120 मिनट)

3.1 उद्‌देश्य व आत्म-प्रगति

एक बोर्ड पर तीन वृत्त अंकित करें, जो एक-दूसरे को काट रहे हों और उन्हें नाम दें—आंतरिक अवस्था, दूसरों की सेवा तथा संबंध।

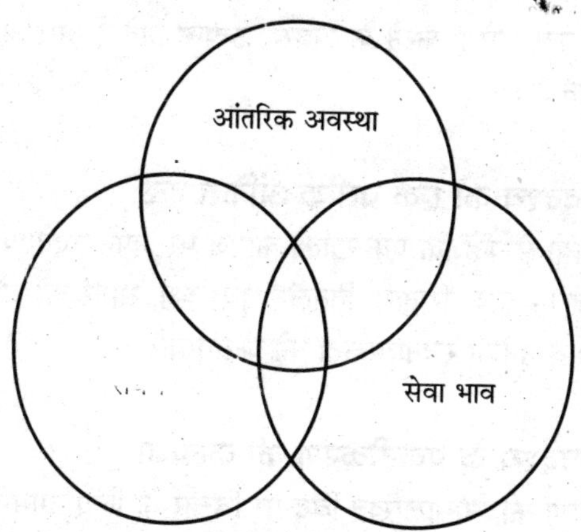

उन्हें बताएँ कि यह चित्र दरशाता है कि किस प्रकार आंतरिक अवस्था, दूसरों व संसार की सेवा तथा संबंध के बीच के संतुलन के साथ ही आत्म-प्रगति पाई जा सकती है। प्रसन्नता का भाव पाने तथा प्रतिकूल अवस्था के बावजूद आगे बढ़ने के लिए इस संतुलन का होना अनिवार्य है।

जब हम अपना जीवन जीते हुए आंतरिक रूप से जो भी समझौते करते हैं, आंतरिक अवस्था उसी का परिणाम होती है। यह समझ, अनुभव तथा शक्ति का मिश्रण है। जब हम अपने उद्देश्य के अनुसार जीते हैं तो हमारी आंतरिक अवस्था सहज व संतुष्ट हो जाती है।

जैसा कि हमने देखा, हमारे संबंध की गुणवत्ता भी हमारे सद्गुणों के प्रकटीकरण पर ही निर्भर करती है। सद्गुणों को आप 'शॉक ऑब्जर्वर' के रूप में देख सकते हैं। वे संबंधों में आहत होने पर आपका बचाव करते हैं। इस 'शॉक ऑब्जर्वर' के बिना गड्ढों से भरी सड़क पर गाड़ी चलाने का अनुभव क्या होगा, यह आप स्वयं ही जान सकते हैं। दूसरे व्यक्ति अपने गुणों व दोषों के मेल के साथ जैसे भी हैं, उसी रूप में रह सकते हैं; परंतु हमें अपने संबंधों को स्वस्थ बनाए रखने के लिए निरंतर सद्गुणों का सजग रूप से अभ्यास करना होगा।

दूसरों की सेवा करने के क्षेत्र में ही हम अपने उद्देश्य भाव का विस्तार पाते हैं। दूसरों की तथा संसार की सेवा करना ही सही मायनों में हमारे भीतर बसे तत्त्व का सबसे बेहतर प्रकटीकरण है।

यदि सहजता व संतुष्टि से आंतरिक अवस्था की प्रगति को मापा जा सकता है तो संबंधों की प्रगति को सहजता, सामंजस्य तथा आपसी सहयोग से जाना जा सकता है। इस प्रकार सेवा करने के अवसर उत्पन्न होते हैं और आप उन अवसरों का लाभ ले पाते हैं।

3.2 अपने उद्देश्य का एक प्रतीक अंकित करें

प्रतिभागियों से कहें कि एक खाली कागज पर अपने उद्देश्य का एक प्रतीक अंकित करें। जैसे—हाथ, सितारा, तितली, सूर्य, वृक्ष, सागर की ओर प्रवाहित नदी आदि। यथासंभव उनकी रचनात्मकता को जाग्रत् करें।

3.3 अपने उद्देश्य के प्रकटीकरण की कल्पना

प्रतिभागियों को निम्नलिखित बिंदु पर विचार के लिए आमंत्रित करें—

यदि मैं अपने उद्देश्य के अनुसार जीवन जीता हूँ तो आनेवाले दो वर्षों में इसे मेरी आंतरिक अवस्था, संबंधों तथा दूसरों के प्रति सेवा के साथ कैसे प्रकट करूँगा?

वे निम्नलिखित सूची के साथ ये काम कर सकते हैं। उन्हें इन तीन पक्षों को यथासंभव विस्तार के साथ प्रस्तुत करना चाहिए।

पहलू	मैं दो वर्ष के समय में कैसा होऊँगा ?
आंतरिक अवस्था	
संबंध	
दूसरों की सेवा करना	

3.4 अगले तीस दिन के लिए कार्य

प्रतिभागियों से कहें कि वे सूची में अपने द्वारा भरे गए तथ्यों को देखें और यह देखें कि आनेवाले समय में अपने उद्देश्य की दिशा में जाने के लिए उन्हें क्या करना होगा।

कदम उठाने से बढ़कर अधिक शक्तिशाली कुछ और नहीं हो सकता। यदि कार्यशाला में लिये गए निर्णयों को अभी लागू नहीं किया गया तो आत्मरूपांतरण का अवसर हाथ से निकल जाएगा।

वे उदाहरण के लिए निम्नलिखित सूची का प्रयोग कर सकते हैं—

दिशा	अगले तीस दिन के लिए संबंधित कार्य
परिवार के साथ अधिक गुणवत्तापूर्ण समय व्यतीत करना	• अपनी पत्नी से बात करूँगा, ताकि अगले सप्ताहांत के लिए समय निकाला जा सके। • पूरे परिवार के साथ मिलकर कहीं घूमने की योजना तैयार करेंगे।
ध्यान का अभ्यास	• मौजूदा कार्यशालाओं पर नजर रखना • स्थानीय पुस्तकों की दुकान से संबंधित पुस्तकें लाना।
कार्यक्षेत्र में जीवन की गुणवत्ता पर कार्यशाला का आयोजन	• अपने शहर में मौजूदा कार्यशाला की जानकारी के लिए वेबसाइट की तलाश • दूसरे सत्र के लिए अपने कार्य में समय निकालना
जुलाई तक 5 किलो वजन घटाना	• किसी स्थान पर बने जिम का दौरा • डाइट के लिए वेब पर तलाश
'संघर्ष समाधान' पर पुस्तक लेखन	• रविवार तक इस विषय पर सारी सामग्री का संकलन • प्रकाशन गृह से संपर्क के लिए कॉल करना।

3.5 मनन

अपनी आँखों के पीछेवाले स्थान पर अपना ध्यान केंद्रित करें और देखें कि आपका अतीत किस प्रकार आपको वर्तमान तक लाया और आप भविष्य के चुनावों, निर्णयों व कदमों के लिए क्या बोध अनुभव कर रहे हैं।

अपने उद्देश्य को व्यक्त करनेवाले प्रतीक पर कुछ समय के लिए ध्यान लगाएँ और अपनी प्रगति के प्रमुख पक्षों पर भी ध्यान दें। आप अपनी आंतरिक अवस्था, संबंधों तथा दूसरों की सेवा के साथ कैसी प्रगति करना चाहते हैं, जिससे आपका उद्देश्य प्रतिबिंबित हो सके। इन सभी क्षेत्रों के बुनियादी निर्देशों तथा लिखे गए कामों पर ध्यान दें। वे केवल आपके द्वारा लिये गए कदम नहीं हैं, बल्कि इन कदमों के माध्यम से आप अपने जीवन में बदलाव लाने जा रहे हैं।

□

संगठन
व्यवसायियों के लिए
मूल्यों पर आधारित कार्यशालाएँ[1]

परिचय

रचनात्मक कार्यशालाओं की इस शृंखला को अलग से प्रस्तुत किया जा सकता है अथवा इन्हें एक साथ मूल्यों के विकास कोर्स में शामिल किया जा सकता है। इनमें हिस्सा लेनेवाले प्रतिभागी अपने साथ अपने संबंधों में तथा संगठन में मूल्यों को परिभाषित व प्रतिबिंबित करते हैं। जब वे एक साथ मिलकर मूल्यों को एक व्यावसायिक ढाँचे में रखना सीखते हैं तो उनके लिए बड़े तथा छोटे सामूहिक अभ्यास तैयार किए जाते हैं, जो अतीत, वर्तमान तथा भविष्य के मूल्यों पर आधारित होते हैं और प्रतिभागियों के बीच एकता व अपनेपन की भावना को विकसित करते हैं।

नियोजित श्रोता : छोटे व बड़े व्यवसायों व कॉरपोरेशनों, प्रबंधन व गैर-प्रबंधन पदों तथा सार्वजनिक, निजी व सामाजिक क्षेत्रों से आए श्रोता।

अवधि : एक दिन या एक या दो घंटों के भागों की शृंखला।

कार्य-प्रणाली : संवादात्मक भाषण, छोटी व बड़ी समूह-चर्चा, रचनात्मक छोटे-बड़े अभ्यास, व्यक्तिगत मनन।

---

1. माइक जॉर्ज द्वारा तैयार यू.के. के एक अंतरराष्ट्रीय-प्रबंधन विशेषज्ञ, आध्यात्मिक गुरु तथा बेस्टसेलिंग लेखक।

विषय : मूल्यों, रचनात्मक मूल्यों, संगठनात्मक मूल्यों, मूल्यों के एकत्रीकरण, संबंधों में मूल्यों आदि की समझ तथा मूल्यों को परिभाषित करना, मूल्यों को पुनः परिभाषित करना, इस पुस्तक में दी गई मूल्यों की व्याख्या का निर्माण।

सामग्री : चित्रफलक, फ्लिप चार्ट पेपर, मास्किंग टेप, मार्कर्स, धारीदार कागज, पेंसिलें, इस पुस्तक में दी मूल्यों की व्याख्या की प्रतिलिपियाँ।

☐

1. मूल्यों को समझना तथा परिभाषित करना

(75-90 मिनट)

उद्देश्य : एक अपनेपन और मैत्री से भरपूर सत्र की तैयारी; मौन आत्मनिरीक्षण तथा दूसरों से आपसी मेल-जोल के लिए समय रखना; मूल्यों पर—निश्चित रूप से रचनात्मक ढाँचे में संगठनात्मक मूल्यों पर—चर्चा करना।

उद्देश्य : भागीदारों को मूल्यों की समझ एवं महत्त्व के विषय में जागरूक करना

विधि

1.1 संक्षिप्त पृष्ठभूमि के साथ अपना परिचय दें—

- भागीदारों से कहें कि वे अपना नाम और पता बताने के साथ-साथ यह भी बताएँ कि वे एक बालक के रूप में किन मूल्यों को मान देते आए हैं।
- इसके साथ ही आपको यह भी बताना होगा कि आप एक बालक के रूप में किन मूल्यों को मान्यता देते आए हैं। (5 मिनट)

1.2 वर्तमान जगत् के संदर्भ में मूल्यों को प्रस्तुत करते हुए निम्नलिखित मसलों पर भी संवादमूलक चर्चा करें (5 मिनट)—

- वर्तमान में मूल्यों का अभाव/अनुपस्थिति।
- मनुष्य के व्यवहार को निर्देशित करने में मूल्य क्या महत्त्व रखते हैं।
- वर्तमान में मूल्यों के जीर्णोद्धार की आवश्यकता।

1.3 भागीदारों को निम्नलिखित प्रश्नों व चर्चाओं के माध्यम से मार्गदर्शन प्रदान करें—

(अ) किसी भी परिस्थिति में कौन से कारक आपके मूल्यों को प्रभावित करते हैं?

- व्यक्तिगत मनन (5 मिनट)
- बड़े समूह का विचार-विमर्श (10 मिनट)।

चर्चा से मिले बिंदुओं को फ्लिप चार्ट पर अंकित करें।

(ब) आपके अनुसार मूल्यों की परिभाषा क्या है?

- व्यक्तिगत मनन (5 मिनट)

- छोटे या बड़े समूह का विचार-विमर्श (5 मिनट)

अब फ्लिप चार्ट पर एक परिभाषा लिखें। एक ऐसी परिभाषा भी होनी चाहिए, जिसका अर्थ शब्दकोश में उपलब्ध हो।

(स) वर्तमान में एक वयस्क के रूप में आपके लिए तीन सर्वाधिक महत्त्वपूर्ण मूल्य कौन से हैं?

- व्यक्तिगत मनन (5 मिनट)
- छोटे समूह का विचार-विमर्श (10 मिनट), बड़े समूह का विचार-विमर्श (5 मिनट)।

(द) आप जिस संगठन में काम करते हैं, उसके सबसे अधिक महत्त्वपूर्ण मूल्य कौन से हैं? उन मूल्यों के साथ समझौता कब होता है और क्यों?

- व्यक्तिगत मनन (5 मिनट)
- छोटे समूह का विचार-विमर्श (10 मिनट), बड़े समूह का विचार-विमर्श (20 मिनट)

सारी चर्चा के अंत में व्यक्तिगत मूल्यों के साथ संगठन के मूल्यों की तुलना करें और समूह से पूछें—

- क्या ये बेमेल हैं?
- यदि हाँ, तो क्यों?
- इस बेमेलपन के क्या प्रभाव हैं? (10 मिनट)

1.4 विशाल समूहों से पूछताछ—

'आप लोगों को उनके मूल्यों को सशक्त बनाने के लिए क्या परामर्श देते हैं?'

मुक्त परिचर्चा तथा अंत में सारांश। समूह से ही निष्कर्ष पूछें। (5 मिनट)

नोट—समयावधि समूह के आकार पर निर्भर करती है। यहाँ आत्मविश्वास से भरपूर प्रशिक्षक की आवश्यकता होगी।

□

2. रचनात्मक मूल्य *(50 मिनट)*

प्रयोजन : लुप्त मूल्यों के प्रामाणिक प्रकटीकरण के लिए एक रचनात्मक साधन उपलब्ध करवाना तथा उचित मूल्यों के प्रसार के लिए आपसी चर्चा एवं प्रचार को प्रोत्साहित करना।

उद्देश्य : भागीदारों के बीच मानवीय मूल्यों के लिए समझ तथा सराहना उत्पन्न करना कि किस प्रकार ये मूल्य समय एवं इतिहास के साथ अलोप हो गए हैं।

विधि

2.1 व्यक्तियों या तीन व्यक्तियों के समूहों को निम्नलिखित कार्य करने के लिए कहें—

यदि आपको पृथ्वी ग्रह से अंतरिक्ष में दूसरे ग्रहों पर भेजे जा रहे अंतरिक्ष यान के हाथों कोई संदेश देना होता तो आप इनके बारे में क्या कहते—

1. ऐतिहासिक दृष्टिकोण से मानवीय मूल्य।
2. मानव जाति आज जिसे सर्वाधिक मान देती है?
3. आपके अनुसार मानव जाति को सबसे अधिक किस मूल्य को मान देना चाहिए?

2.2 इस काम को पूरा करने के लिए 35-40 मिनट का समय दें। अगर दल बनाए गए हैं तो हर दल को समय दिया जाए कि वह इन्हें एक लेख की तरह सुना सके। अगर यह काम व्यक्तिगत रूप से किया जा रहा है तो कार्यकर्ताओं से कहें कि वे अपना लिखा पढ़कर सुनाएँ।

2.3 एक बार में एक ही प्रश्न पर केंद्रित रहें। आधारभूत विचारों तथा सामान्य पृष्ठभूमियों के बारे में जानें और एक फ्लिप चार्ट पर प्रतिक्रियाओं को दर्ज करें।

□

3. संगठनात्मक मूल्य *(30 मिनट)*

प्रयोजन : मूल्यों के विचार-विमर्श को व्यावहारिक पहल देते हुए संगठनात्मक संदर्भ में निश्चित व्यवहारों तथा गतिविधियों पर केंद्रित होना।

उद्देश्य : भागीदारों को संगठनात्मक संदर्भ में मूल्यों की भूमिका तथा महत्त्व के प्रति सजग करना।

विधि

3.1 विशाल समूह को तीन-तीन व्यक्तियों के दल में विभाजित कर दें। भागीदारों को अलग-अलग व्यक्तियों के साथ कार्य करना चाहिए।

3.2 प्रत्येक समूह को इस पुस्तक के पहले विभाग से एक मूल्य दें और उस मूल्य व्याख्या के लिए प्रतिलिपियाँ उपलब्ध करवाएँ (या उस मूल्य व्याख्या का एक अंश)। सबके लिए पर्याप्त प्रतियाँ होनी चाहिए। इसके अतिरिक्त प्रत्येक व्यक्ति को एक-एक प्रपत्र सौंपा जाए, जिसमें निम्नलिखित प्रश्न पूछे गए हों—

1. आप अपने संगठन में किस प्रकार मनुष्य के व्यवहार या संवादमूलक संप्रेषण में इस मूल्य का प्रकटीकरण पाते हैं?
2. किन परिस्थितियों में इस मूल्य के साथ समझौता होता है और क्यों?
3. आप अपने संगठन में इनमें से किसी एक मूल्य की वृद्धि तथा विकास को किस प्रकार प्रोत्साहित करेंगे?

3.3 दल के प्रत्येक सदस्य से कहें कि वह इन प्रश्नों को पढ़े और इन पर मनन करे। फिर छोटे समूहों में व्यक्तिगत निष्कर्षों पर चर्चा करें। (15 मिनट)

3.4 हर दल के प्रमुख वक्ता से कहें कि वह अपने दल की ओर से सारांश प्रस्तुत करे या समूह में प्राप्त अंतर्दृष्टियों को सबके साथ साझा करे।

□

4. मूल्यों का एकीकरण *(45 मिनट)*

प्रयोजन : किसी मूल्य की प्रतिरक्षा के लिए संगोष्ठी रखना और इस प्रकार उस मूल्य तथा अन्य मूल्यों के प्रति आत्मीयता का भाव उत्पन्न करते हुए मूल्यों के अंत:संबंधों के विषय में एक जीवंत तथा सक्रियता से भरपूर विचार-विमर्श करना।

उद्देश्य : भागीदारों के बीच चर्चा करना, ताकि वे मूल्यों के बीच आपसी संपर्क तथा अंतर्निर्भरता को समझ सकें।

विधि

4.1 विशाल समूह को चार-चार व्यक्तियों के दल में बाँटें। इसके बाद आपका प्रयास यही होना चाहिए कि वे आपस में घुल-मिल सकें और विभिन्न लोगों से संवाद स्थापित करें।

4.2 प्रत्येक समूह को इस पुस्तक के पहले विभाग से एक-एक मूल्य दें और उस मूल्य व्याख्या के लिए प्रतिलिपियाँ उपलब्ध करवाएँ (या उस मूल्य व्याख्या का एक अंश)। सबके लिए पर्याप्त प्रतियाँ होनी चाहिए। ये मूल्य पिछली बार पूछे गए मूल्यों से अलग हों।

4.3 हर दल निम्नलिखित चर्चा की तैयारी करेगा (30 मिनट)।

उनका कोई निश्चित मूल्य संगठन के लिए इतना महत्त्व क्यों रखता है और किन अन्य तीन मूल्यों को सहयोग के तौर पर साथ शामिल किया जाना चाहिए?

4.4 हर दल अपने तर्क प्रस्तुत करेगा। (5 मिनट प्रत्येक)

विशाल सामूहिक चर्चा के बाद पता लगाएँ कि पूरा दल वास्तव में किस मूल्य को सबसे अधिक महत्त्वपूर्ण मानता है और उसे सहयोग देनेवाले अन्य तीन मूल्य कौन से होने चाहिए। एक फ्लिप चार्ट पर प्रतिक्रियाओं को दर्ज करें।

□

5. संबंधों में मूल्य *(45 मिनट)*

प्रयोजन : किसी एक मूल्य को नए आयाम देना और व्यवहारों, आपसी संवाद तथा व्यावहारिक संगठनात्मक उदाहरणों के बीच उस मूल्य पर चर्चा करना।

उद्देश्य : भागीदारों के बीच ऐसा वातावरण उत्पन्न करना कि वे अपने, दूसरों के तथा परिवेश के संदर्भ में किसी एक निश्चित मूल्य पर मनन एवं गंभीर विचार कर सकें।

विधि

5.1 किसी ऐसे मूल्य की चर्चा करें, जिसके बारे में अभी तक बात नहीं हुई हो, जैसे—सम्मान।

5.2 विशाल समूह को तीन छोटे दलों में बाँटें। प्रत्येक छोटा दल निम्नलिखित पर केंद्रित होगा—

पहला दल : अपने प्रति सम्मान

दूसरा दल : दूसरों के प्रति सम्मान

तीसरा दल : परिवेश या संगठन के प्रति सम्मान।

5.3 दल के प्रत्येक व्यक्ति को प्रश्न प्रपत्र सौंपें और उनसे कहें कि वे आपस में चर्चा करें और जिस दल को जिस प्रकार के सम्मान पर चर्चा का कार्य सौंपा गया है, उसके प्रकाश में ही निम्नलिखित प्रश्नों के उत्तर दें—

- स्वाभिमान के क्या लक्षण हैं?
- स्वाभिमान के अभाव या कमी के क्या लक्षण हैं?
- किसी व्यक्ति/संबंध या परिवेश के प्रति सम्मान का भाव कैसे विकसित किया जा सकता है?
- सम्मान का भाव विकसित क्यों नहीं हो पाता?
- इस संदर्भ में सम्मान का भाव कैसे विकसित किया जा सकता है?

5.4 हर दल, विशाल समूह के सामने अपने तर्क प्रस्तुत करेगा। (5 मिनट प्रत्येक दल)

5.5 सामान्य निष्कर्षों पर एक विशाल सामूहिक चर्चा की जाए।

5.6 (चाहें तो) प्रत्येक समूह को इस पुस्तक के पहले विभाग से सम्मान मूल्य की व्याख्या की प्रतिलिपियाँ उपलब्ध करवाएँ। उनसे कहा जाए कि वे उसे पढ़कर निम्नलिखित प्रश्नों के उत्तर दें और आपस में चर्चा करें—

- इस मूल्य व्याख्या ने दल के रूप में हमारे निष्कर्ष को कैसे प्रभावित किया?
- क्या हमें लगता है कि इन शब्दों से सम्मान के मूल्य का सटीक प्रतिनिधित्व हो पा रहा है?

5.7 प्रत्येक दल पाठ्य के संदर्भ में अपने निष्कर्ष प्रस्तुत करेगा। (2 मिनट प्रत्येक दल)।

□

6. मूल्यों को पुनः परिभाषित करना *(15-25 मिनट)*

प्रयोजन : आगे की चर्चा के लिए संगोष्ठी का आयोजन तथा मूल्यों की गहन समझ विकसित करना।

उद्देश्य : 'लिविंग अवर वैल्यूज' के पाठ्य के संदर्भ में किसी निश्चित मूल्य को नए सिरे से जानना

विधि

6.1 प्रत्येक समूह को इस पुस्तक के पहले विभाग से एक मूल्य दें और उस मूल्य व्याख्या के लिए प्रतिलिपियाँ उपलब्ध करवाएँ (या उस मूल्य व्याख्या का एक अंश)। सबके लिए पर्याप्त प्रतियाँ होनी चाहिए। ये मूल्य पिछली बार पूछे गए मूल्यों से अलग हों।

6.2 दल के प्रत्येक व्यक्ति को प्रश्न प्रपत्र सौंपें और उनसे कहें कि वे आपस में इन प्रश्नों के उत्तरों पर चर्चा करें—

- आपके अनुसार इस परिभाषा का सबसे महत्त्वपूर्ण बिंदु क्या है?
- क्यों?
- आप इस बिंदु को मनुष्य के व्यवहार में विकसित करने की अनुशंसा कैसे करेंगे?

6.3 एक विशाल सामूहिक चर्चा की जाए।

6.4 (चाहें तो) प्रत्येक समूह को इस पुस्तक के पहले विभाग से सम्मान मूल्य की व्याख्या की प्रतिलिपियाँ उपलब्ध करवाएँ। उनसे कहा जाए कि वे उसे पढ़कर निम्नलिखित प्रश्नों के उत्तर दें और आपस में चर्चा करें तथा समूह में प्राप्त अंतर्दृष्टियों को सबके साथ साँझा करें।

□

7. लिविंग अवर वैल्यूज अपडेट *(45 मिनट)*

उद्‌देश्य : एक सक्रिय प्रशिक्षण अभ्यास आरंभ करना, ताकि प्रतिभागी इस पुस्तक में दी गई मूल्य व्याख्याओं को नए सिरे से जानने की रचनात्मक व बौद्धिक प्रक्रिया आरंभ कर सकें।

लक्ष्य : मूल्यों पर रचनात्मक चिंतन को सक्रिय करना और प्रतिभागियों को अवसर प्रदान करना कि वे इस पुस्तक में दिए गए विचारों पर कार्य कर सकें।

पद्धति

7.1 विशाल समूह को तीन या चार के दल में बाँटें।

7.2 दल के हर सदस्य को पुस्तक में से एक मूल्य दें। ऐसा मूल्य दें, जिस पर चर्चा न हुई हो।

7.3 हर दल से कहें कि वह निम्नलिखित का निर्णय करे।

1. हम किस अवधारणा को नहीं समझे?
2. मूल्य की इस व्याख्या में क्या नहीं बताया गया?
3. हम किन परिवर्तनों की अनुशंसा करते हैं?

7.4 प्रत्येक दल मौखिक रूप से रिपोर्ट प्रस्तुत करे।

□

समुदाय
हमारे वर्तमान तथा
भावी मूल्यों के परीक्षण की कार्यशाला[1]

परिचय

यह उच्च स्तरीय संवादमूलक कार्यशाला—

- प्रतिभागियों को आमंत्रित करती है कि वे अपने ही मूल्यों को पहचान कर परिभाषित करें।
- छोटे समूहों में संप्रेषण को प्रोत्साहित करती है, ताकि वे मूल्यों को व्यावहारिक रूप से लागू करने के लिए अंतर्दृष्टि प्राप्त कर सकें।
- यह समस्याओं के समाधान का एक सत्र देती है, जिसमें सदस्य अपने समुदाय की वर्तमान एवं वांछित अवस्था को पहचानते हैं, ताकि वर्तमान तथा आदर्श के बीच के अंतराल को भरा जा सके।

इस कार्यशाला को आप समग्र रूप से या अंशों में विभाजित कर सकते हैं—

नियोजित श्रोता : सामुदायिक दल, गिरजा, मंदिर तथा अन्य धार्मिक व आध्यात्मिक संगठन, क्लब, व्यावसायिक एसोसिएशन और अन्य सिविल सोसाइटी समूह।

अवधि : एक दिन या दो आधे-आधे दिन।

कार्य करने की पद्धति : संवादमूलक व्याख्यान, छोटे व बड़े समूहों में चर्चा, मौन भाव से आत्मनिरीक्षण, मार्गदर्शन-युक्त मानसिक चित्रण, व्यक्तिगत या

---

1. केन ओ डॉनेल द्वारा प्रस्तुत।

सामूहिक ब्रेनस्ट्रोमिंग तथा एक्शन प्लानिंग।

विषय : अंतर्जात मूल्य, सामान्य मूल्य, मूल्यों के साथ जीना, सामुदायिक एक्शन प्लानिंग।

सामग्री : चित्रफलक, फ्लिप चार्ट पेपर, मास्किंग टेप, मार्कर्स, धारीदार कागज, पेंसिलें, सी.डी. प्लेयर, हलका संगीत (चाहें तो)।

□

1. अंतर्जात मूल्यों के साथ सहज परिवेश *(5 मिनट)*

उद्देश्य : इस बात का एहसास दिलाना कि हर उद्देश्य के साथ कुछ अंतर्जात मूल्य होते हैं, जो इसके कार्यों से संबंध रखते हैं। तब नेता इस विषय को मनुष्यों तक लाते हुए इस निष्कर्ष पर आ सकता है कि हमारे मूल्यों का हमारे कार्यों से गहरा संबंध होता है। इस विचार-विमर्श को अधिक गंभीर न बनाएँ और प्रतिभागियों से कहें कि वे स्वयं नतीजे निकालें।

लक्ष्य : प्रतिभागी परस्पर, सहज व आनंदपूर्ण वातावरण में एक-दूसरे को पहचान सकें।

1.1 सबको एक वृत्त या अर्धवृत्त में बिठाएँ और उन्हें कमरे में अपने लिए आरामदायक स्थान चुनने को कहें। उन्हें कहें कि वे एक-एक कर अपना परिचय दें और साथ ही क्योंकि शब्द जोड़कर उस स्थान के मूल्य को भी परिभाषित करें जैसे—

- मैं एक खिड़की हूँ, क्योंकि मेरे माध्यम से लोग दुनिया देख सकते हैं।
- मैं कुरसी हूँ, क्योंकि मैं स्थिर हूँ।
- मैं प्रकाश हूँ, क्योंकि मैं प्रकाशित हूँ।
- मैं हवा हूँ, क्योंकि मैं हल्की हूँ। भले ही मुझे दूसरे देख नहीं सकते, मैं बहुत महत्त्वपूर्ण हूँ।

नोट—यदि वे इस तरह अपने आपको व्यक्त न कर पा रहे हों तो उन्हें कहें, 'मैं स्वयं को किसी वस्तु के साथ जुड़ा पाता हूँ, क्योंकि…।' वे इस तरह अपना परिचय दें।

□

2. मूल्यों की समझ और उन्हें बाँटना *(30 मिनट)*

उद्‌देश्य : सामान्य मूल्यों की आपसी समझ और जानकारी बाँटने के साथ प्रतिभागियों को निकट लाना।

जब प्रतिभागी अपनी प्रिय कहानियों में मूल्यों की समानता देखते हैं तो वे अन्य मूल्यों पर कार्य करने के लिए भी एक सामान्य आधार तैयार कर पाते हैं। यदि सामुदायिक प्रसंग है तो हो सकता है कि समूह में कई प्रकार के प्रजातीय पृष्ठभूमियों से जुड़े लोग उपस्थित हों। जब वे यह पाएँगे कि उनकी सांस्कृतिक पृष्ठभूमियों में अंतर होने के बावजूद मूल्यों में कितनी समानता है (विशेष रूप से जब उन्हें अपने देश के पौराणिक मिथक व लोकगाथाएँ स्मरण हों) नेता को चाहिए कि वह उन्हें यह विश्वास दिलाए कि उनके सामान्य मूल्य एक जैसे हैं।

लक्ष्य : प्रतिभागी परस्पर आत्मीय अनुभव करें और अनुभवों को साझा करते हुए सामुदायिक मूल्यों को पहचान दे सकें।

2.1 प्रतिभागियों को सहज परिवेश दें और उन्हें बताएँ कि निम्नलिखित विचारों के आधार पर उन्हें अभी और वर्तमान में जीना सीखना चाहिए। यदि वे चाहें तो अपनी आँखें बंद कर सकते हैं और आप इस दौरान कोई हलका संगीत लगा सकते हैं।

आपको जो भी ध्वनियाँ सुनाई दे रही हों, उन्हें ध्यान से सुनें (यातायात, आसपास की हलचल, पक्षियों के स्वर आदि)। हवा की हलचल और तापमान को अनुभव करें। अपने श्वास के प्रति सजग हों। इन सभी गतिविधियों को निरासक्त भाव से अनुभव करें और अपने परिवेश के केंद्र बनकर बैठे रहें। जिस प्रकार आप इन सभी स्वरों से घिरे बैठे हैं, उसी प्रकार आप अपनी सारी वर्तमान परिस्थितियों से घिरे हैं। भूमिकाएँ, उत्तरदायित्व, संबंध, दिनचर्या— स्वयं को इन सभी बातों के केंद्र में लाएँ और एक निरीक्षक की भूमिका में बने रहें।

इसी शांत निरीक्षण के दौरान अपने जीवन में सुनी गई सबसे महत्त्वपूर्ण कहानी को याद करने की चेष्टा करें— कोई ऐसी कहानी, जिसका आपके जीवन पर गहरा प्रभाव रहा हो। यह कोई मिथक, लोकगाथा, मूवी या कोई वास्तविक कहानी भी हो सकती है। अपने मन में उस कहानी को विस्तार से याद करते हुए उसके गहन अर्थ तक जाने की चेष्टा करें।

जब कहानी स्पष्ट हो तो स्वयं से पूछें— 'इस कहानी ने मेरे भीतर के कौन से पक्ष को जाग्रत् किया? क्या वह प्रेम, प्रसन्नता, बोध या अच्छाई था?' आपके

दिमाग में क्या उत्तर आता है? अब कहानी को परे रखें और उसके साथ उठी भावना के बीच कुछ समय बिताएँ।

अपनी आँखें खोलें और उसके कुछ देर तक भी उन्हीं भावनाओं के बीच रहने की चेष्टा करें।

2.2 प्रतिभागियों से कहें कि वे जोड़ों में बँट जाएँ और साथ ही यह भी बता दें कि अगर वे एक-दूसरे से अनजान हों या बहुत अधिक न जानते हों तो अधिक बेहतर होगा। उनसे कहें कि वे बारी-बारी से अपनी कहानी और उससे जुड़े मूल्य के बारे में परस्पर बात करें। हर व्यक्ति को अपनी कहानी बताने के लिए तीन मिनट मिलेंगे और इसके बाद वे दोनों अपनी कहानियों से जुड़े मूल्यों पर पाँच मिनट तक विचार-विमर्श करेंगे।

2.3 उन्हें विशाल समूह में वापस जोड़ें। उनसे पूछें कि उन्होंने इन अनुभवों से क्या सीखा और विचार-विमर्श से क्या बिंदु निकाले।

नोट—उन्हें कहें कि वे अपनी कहानी को न दोहराएँ। उन्हें केवल उससे सीखे गए सबक के बारे में ही बात करनी है।

2.4 प्रतिभागियों के निष्कर्षों को एक स्थान पर लिखें। आप उस स्थान को दो भागों में विभाजित करते हुए दर्ज कर सकते हैं।

वाक्य	वाक्य में छिपे सार मूल्य
1	1
2	2
3	3
4	4

□

3. मूल्यों पर संवाद *(45-60 मिनट)*

उद्देश्य : संवाद प्रक्रिया आरंभ करने का उद्देश्य यही है कि सबके बीच ऊर्जा का मानवीय प्रवाह जाग्रत् हो और वे प्रामाणिक जानकारी साझा कर सकें। इस तरह सभी को मूल्यवान् अंतर्दृष्टि तथा बोध प्राप्त करने का अवसर मिलेगा।

लक्ष्य : प्रतिभागी अपने पर तथा अपने जीवन में महत्त्वपूर्ण रहे व्यक्ति पर केंद्रित हों और साथ ही मूल्यों से जुड़े व्यवहार के प्रभाव को भी लक्ष्य करें।

अंतर्दृष्टि को साझा करने की प्रक्रिया के दौरान समुदाय के प्रति निकट आत्मीयता का भाव उत्पन्न हो सके।

3.1 भेंट के बुनियादी नियमों का परिचय दें। इसके लिए आप पहले दिए गए उदाहरणों की मदद ले सकते हैं।

3.2 प्रतिभागियों को 5–6 लोगों के दल में विभाजित करें। हर दल को पंद्रह मिनट दें, ताकि वे निम्नलिखित काररवाई कर सकें—

उन्हें कहें कि वे मौन भाव से अपने आसपास की घटनाओं को तटस्थ निरीक्षक की तरह देखें।

उनसे कहें कि वे उस व्यक्ति का नाम लिखें, जिसे वे जीवन में सबसे निकटतम मानते हों। पेज को दो भागों में विभाजित करें।

व्यवहार	व्यवहार द्वारा प्रदर्शित मूल्य
1	1
2	2
3	3

उनसे कहें कि उस संबंध से जुड़े मूल्य के बारे में विचार करें—

(अ) उनसे कहें कि बाईं ओर दिए स्तंभ में तीन पक्ष लिखें और बताएँ कि वे उस व्यवहार को महत्त्वपूर्ण क्यों मानते हैं, और

(ब) दाईं ओर वाले स्तंभ में व्यवहार द्वारा प्रदर्शित मूल्य के बारे में लिखें।

तीन मूल्यों को प्राथमिकता देते हुए किसी एक प्रमुख को रेखांकित करें।

3.3 उनसे कहें कि वे रेखांकित मूल्य को अपने दल के सदस्यों के साथ साझा करें। इस दौरान वे निम्नलिखित प्रकार के प्रश्नों पर चर्चा करें—

- यह आपके लिए (रेखांकित मूल्य) क्या मायने रखता है?
- यह मूल्य आपके संबंधों के लिए क्यों महत्त्वपूर्ण है?

- यह मूल्य सामुदायिक दल संदर्भ में क्या महत्त्व रखता है?
- इन मूल्यों को संरक्षण देने के लिए किन तंत्रों व संरचनाओं की आवश्यकता होगी?
- इनसे कैसे व्यवहार की अपेक्षा की जा सकती है?
- हम इस व्यवहार के माध्यम से अपने कार्य को सशक्त कैसे बना सकते हैं?

3.4 (चाहें तो) यदि आप चाहें तो सभी प्रतिभागियों को बड़े समूह में भी अपनी जानकारी साझा करने के लिए कह सकते हैं; परंतु यह आवश्यक नहीं है। □

4. विशाल समूह की ब्रेनस्ट्रोमिंग व सामुदायिक एक्शन टीम *(2-3 घंटे)*

उद्देश्य : प्रतिभागी इस तथ्य पर तत्काल केंद्रित हो सकें कि क्या किया जाना चाहिए और उसके लिए क्या नियोजन करना होगा।

लक्ष्य : उन्हें छह अभ्यासों पर केंद्रित होना है, जो वर्तमान मूल्यों की परख करते हैं और इसके बाद निरंतर जारी रहनेवाली प्रक्रिया का आरंभ करना है, ताकि यह देखा जा सके कि कार्यशाला से क्या हासिल हुआ है।

पहले चार अभ्यास विशाल समूह को ही संबोधित किए गए हैं। प्रशिक्षक को चाहिए कि वह हर अभ्यास से उत्पन्न निष्कर्षों को अलग-अलग फ्लिप चार्ट पर लिखे और वहाँ टाँग दें, ताकि प्रतिभागियों को उन्हें भी बार-बार देखने व समझने का अवसर मिलता रहे।

अभ्यास 5 व 6 के लिए छोटे समूह बनाने होंगे। अगर पूरे दल में ऐसे लोग हैं, जो केवल एक बार ही मिल रहे हों तो इन अभ्यासों के एक्शन प्लान और मूल्यों को व्यक्तिगत स्तर पर लागू करना होगा।

प्रत्येक अभ्यास से पूर्व प्रतिभागियों से कहें कि वे अपने विचार पेश करने से पहले थोड़ा समय मौन के बीच बिताएँ।

पहला अभ्यास–वर्तमान अवस्था

प्रश्न : आदर्शों व व्यवहारों के लिहाज से एक दल के रूप में हमारी वर्तमान शक्तियाँ क्या हैं? (सभी विचारों को दर्ज करें)

दूसरा अभ्यास–हम यहाँ से कहाँ जाना चाहते हैं?

प्रश्न : यदि सबकुछ हमारे हिसाब से हो तो अगले छह माह में हम अपना क्या भविष्य देखते हैं? (सभी विचार दर्ज करें)

तीसरा अभ्यास–संभावित बाधा

प्रश्न : अपने आपको जानना और यह जानना कि हम कहाँ जाना चाहते हैं? हमारे कार्य तथा संबंधों में किस प्रकार की बाधाएँ आ सकती हैं, जो हमें हमारी मनोवांछित दिशा में जाने से रोक सकती हैं? (सभी विचार दर्ज करें)

चौथा अभ्यास–लक्ष्य

प्रश्न : वर्तमान अवस्था, भावी दिशा तथा संभावित बाधा को देखते हुए हमें किन तीन प्रमुख लक्ष्यों पर अभी से काम करना होगा। (सभी विचार दर्ज करें और सभी सदस्यों से उनके लिए वोट करने को कहें। जिन तीन लक्ष्यों को सबसे अधिक वोट मिलेंगे, वही अभ्यास 5 और 6 में लिये जाएँगे।)

पाँचवाँ अभ्यास–सामुदायिक एक्शन टीम स्थापित करना

समूह बनाते समय प्रतिभागियों को आमंत्रित करें कि वे अपने लिए लक्ष्य स्वयं चुनें, जो उन्हें अच्छा लगता हो।

समूह से कहें कि वे अपने दल के लिए नेता चुनें, जो उनके विचारों को दर्ज कर सके।

प्रश्न : हम सही मायनों में अगले माह के लिए क्या योजना बना सकते हैं?

यह तय करें कि कब, क्यों, कहाँ, कैसे और कब पर्याप्त विस्तार की आवश्यकता है। दूसरे शब्दों में, हर काम को करने के लिए एक निश्चित कदम को दर्ज करें। यह देखें कि उसके लिए कौन उत्तरदायी होगा और काम को करने के लिए सीमा रेखा तय करें। अगली भेंट में इन चरणों को दोहराया जाएगा।

छठा अभ्यास–मूल्यों की स्थापना

प्रश्न : सभी प्रसंगों के परिणामों पर विचार करते हुए हम किन तीन प्रमुख मूल्यों का अभ्यास करना चाहेंगे, ताकि हमारी योजनाओं को सफलता मिल सके?

वैकल्पिक पद्धति (1 से 4 अभ्यास के लिए)

इसकी अनुशंसा तभी की जाती है, जब पूरे दल में 18–20 से अधिक सदस्य हों।

1. प्रतिभागियों को उन सदस्यों के साथ बिठाया जाए, जिनके साथ वे पिछले सत्र में भी संवाद कर चुके हों।
2. हर समूह को बड़े इंडेक्स कार्ड दिए जाएँ।
3. सबको शांत भाव से प्रश्न पर मनन तथा विचार करने के लिए कहा जाए।
4. उनसे कहें कि उस थीम से जुड़े पहले तीन विचार को कागज पर लिखें।

5. प्रतिभागियों से कहें कि वे विचारों को प्राथमिकता दें और सबसे महत्त्वपूर्ण या रुचिकर विचार को रेखांकित करें।
6. प्रतिभागियों को निर्देश दें कि वे अपने रेखांकित विचार को आपस में बाँटें।
7. इस प्रक्रिया को अभ्यास तीन तक लाएँ।
8. चौथे अभ्यास में छोटे समूह आम सहमति से प्रमुख लक्ष्य के लिए तीन प्रमुख विचार चुन लें।
9. प्रत्येक समूह तीन अलग इंडेक्स कार्ड पर अपने द्वारा चुने गए विचारों को लिखे।
10. प्रत्येक दल अपने कार्ड नेता को दे, ताकि वह उन्हें सही क्रम में दीवार पर लगा सके।
11. इस तरह सारे दल मिलकर प्रमुख लक्ष्य के लिए सबसे बेहतरीन तीन विचारों को चुनें।
12. फिर पाँचवें अभ्यास पर आ जाएँ।

□

समुदाय
पर्यावरण की देखरेख कार्यशाला[1]

अवधि : 2 घंटे व 30 मिनट।

उद्‌देश्य : प्रतिभागियों को प्रोत्साहित किया जाए कि वे पृथ्वी की प्रशंसा करें, उसकी वर्तमान शोचनीय दशा से संपर्क स्थापित करें और उसकी मदद करने के लिए प्रेरित हो सकें।

अभ्यास-1 : पृथ्वी की प्रशंसा (35 मिनट)

1. स्वागत व परिचय (5 मिनट)
2. प्रतिभागियों से कहें कि वे कुछ समय के लिए आँखें बंद करें और मानसिक चित्रण करें कि वे किसी शांत व प्राकृतिक वातावरण में हैं, जो उनके लिए पूरी तरह से अनुकूल तथा सहज है; जैसे नदी का किनारा या कोई सागर तट।
3. उनसे कहें कि वे देखें कि अंतरिक्ष से हमारा ग्रह कैसा दिखता है और उस तसवीर के सौंदर्य का आनंद लें। अंग्रेजी बोलनेवाले श्रोताओं को 'फ्रॉम ए डिस्टेंस' नामक गीत सुना सकते हैं। (5 मिनट)
4. उनसे कहें कि वे पृथ्वी के तीन प्रमुख गुण लिखते हुए अपने विचार को प्रकट करने के लिए उदाहरण दें। (5 मिनट)
5. उनसे कहें कि वे अपने पड़ोसियों के साथ अपनी परिकल्पना साझी करें। (10 मिनट)

---

1. वेलिरियान बर्नार्ड द्वारा प्रस्तुत तथा ब्रह्माकुमारी के पर्यावरणीय वेब पेज से लिया गया। http://environment.brahmakumaris.org

6. पृथ्वी की सभी विशेषताएँ सबको बताई जाएँ और उन्हें एक फ्लिप चार्ट पर लिखा जाए। (10 मिनट)

दूसरा अभ्यास : पृथ्वी के लिए करुणा विकसित करना (45 मिनट)

मधुर संगीत बजाएँ और प्रतिभागियों से कहें कि वे ग्रह के मानसिक चित्रण के अनुभव में फिर से खो जाएँ। उन्हें यह भी कहें कि अगर पृथ्वी बोल सकती तो वह निश्चित रूप से मनुष्यों से कुछ कहने की इच्छा रखती। (5 मिनट)

प्रतिभागियों से यह कल्पना करने को कहें कि पृथ्वी मनुष्यों को एक पत्र लिख रही है और—

अ) पृथ्वी हमसे जिस संदेश या विवेक को साझा करना चाहती है, उसे अनुभव करें और लिखें। (10 मिनट)

ब) तीन-तीन व्यक्तियों के समूह में उनके पत्र पढ़ें। (15 मिनट)

स) उनके अनुभवों के सार को पूरे दल के साथ साझा करें। (15 मिनट)

तीसरा अभ्यास : अपने व्यवहार में परिवर्तन (70 मिनट)

अब जबकि प्रतिभागी स्वयं को ग्रह के विवेक से जोड़ चुके हैं तो उनसे कहें कि वे पर्यावरण के लिए अपने रवैए पर सवाल करें। उन्हें संगीत के बीच, शांतिपूर्ण वातावरण के बीच निम्नलिखित करने को कहें—

- वे मानसिक चित्रण करें कि अपने व्यवहार, रवैए व प्रयासों के बल पर रोजमर्रा के जीवन के पर्यावरण का कैसे बचाव कर सकते हैं? (5 मिनट)

उन तीन आदतों को पहचानकर लिखें, जो उन्होंने परिवेश की सुरक्षा के लिए अपनाई हों। (10 मिनट)

- ऐसी तीन आदतें लिखें, जो पर्यावरण के लिहाज से उचित नहीं, परंतु जिनमें सुधार किया जा सकता है। (10 मिनट)

प्रतिभागियों को चार समूहों में विभाजित करें और कहें—

- उन तीन आदतों को बाँटें, जिनमें वे सुधार करना चाहेंगे।
- पर्यावरण की रक्षा के लिए एक चार्टर तैयार करें, दल का हर सदस्य उसे अपने रोजमर्रा के जीवन में लागू करने के लिए कटिबद्ध होगा। (10 मिनट)

- सामूहिक सत्र में वे सब अपने चार्टर पढ़कर सुनाएँ। (15 मिनट)
- हर दल में एक व्यक्ति को नियुक्त करें, जो 3–4 दिन बाद दल के हर सदस्य को यह चार्टर मेल से या डाक से भेजेगा, ताकि उन्हें याद दिलाया जा सके कि उन्होंने अपने व्यवहार को बदलने का वचन दिया है। (5 मिनट)

निष्कर्ष (10 मिनट)

- प्रतिभागियों से पूछें कि उन्होंने क्या सीखा?
- धरती माता के आरोग्य के लिए एक भाष्य प्रस्तुत करें। इसमें आप प्रतिभागियों की कुछ योजनाओं व कदमों का भी वर्णन कर सकते हैं। इसके साथ ही हलका सा संगीत जारी रहे।

□

समुदाय
वैश्विक परिकल्पना को पूरा करने के लिए कार्यशाला

परिचय

आपके अपने लिए तथा देश के लिए आपकी परिकल्पना व दर्शन आपके मूल्यों की नींव पर टिका है। आप जीवन में जो दिशा लेंगे, वह आपके मूल्यों का ही परिणाम होगी। हर कदम पर आप जो भी निर्णय ले रहे हैं, वे आपके द्वारा कुछ मूल्यों के लिए तय की गई प्राथमिकताओं के अनुसार ही हैं।

जब आप मूल्यों को पहचान देते हैं तो इससे आपको ताकत मिलती है। इससे स्पष्ट होता है कि आप किसके समर्थन में हैं। इस तरह आपको उन उच्चतम मूल्यों का अनुकरण करने की वचनबद्धता मिलती है और आधार मिलता है, जिसके अनुसार आप सही समय पर सही निर्णय ले पाते हैं।

जब आप मूल्यों को बाँटते हैं तो इससे आपका उत्थान होता है। समुदायों, समूहों व संगठनों आदि में सामान्य मूल्यों को साझा करनेवाले व्यक्ति जानते हैं कि हमें एक डोर में बाँधनेवाले मूल्य हमें अलग करनेवाली वस्तुओं से कहीं बड़े हैं।

लक्ष्य

(अ) उन सार मूल्यों की पहचान, जो वैश्विक परिकल्पना व्याख्यान को रेखांकित करते हैं।

(ब) उन बाधाओं की पहचान, जिनके कारण हम उन सार मूल्यों को जीवन में नहीं उतार पा रहे।

(स) रणनीतिपरक कार्यकारी योजनाओं का विकास (संगठनात्मक, सामुदायिक या निजी), ताकि उन बाधाओं से पार पाया जा सके और वैश्विक परिकल्पना व्याख्यान को साकार रूप दिया जा सके।

पहला अभ्यास : परिचय (20 मिनट)

- स्वागत।
- सामुदायिक सहयोग परियोजना की पृष्ठभूमि देना
- वैश्विक परिकल्पना व्याख्यान प्रस्तुत करना।
- कथन में छिपे सार मूल्यों की पहचान।
- प्रतिभागियों को बारह छोटे समूहों में विभाजित करें। इनमें से प्रत्येक व्याख्यान के एक भाग का प्रतिनिधित्व करेगा।

अभ्यास दूसरा : मूल्यों की कार्यशाला (90-120 मिनट)

प्रत्येक छोटा समूह—

- यह पता लगाना कि कौन से मूल्य निजी परिप्रेक्ष्य से हैं।
- यह विचार करना कि उनको दिए गए भाग से किस मूल्य को साकार रूप दिया जा सकता है।
- कथन के तीन प्रमुख हिस्सों से तीन प्रमुख रेखांकित मूल्यों पर सहमति।

सारे छोटे दल अपनी फीडबैक बड़े समूह में दें, ताकि तीन प्रमुख मूल्यों को जाना जा सके, जो संपूर्ण वैश्विक परिकल्पना व्याख्यान को रेखांकित करते हों।

तीसरा अभ्यास : सफलता की राह में बाधाएँ (90-120 मिनट)

प्रतिभागियों को चार छोटे समूहों में विभाजित करें—

- यह पहचान करें कि इन मूल्यों को व्यक्तिगत, सामुदायिक या संगठनात्मक स्तर पर लागू करने में क्या बाधा आ सकती है।
- तीन प्रमुख बाधाओं पर सहमति दें।
- उन समस्याओं, विरोधाभासों, मूल्यों से टकरानेवाले तथ्यों को पहचानें, जो योजनाओं को लागू नहीं होने देते।

हर दल अपनी राय देगा और सभी मिलकर तीन प्रमुख बाधाओं पर सहमत होंगे।

चौथा अभ्यास : सफलता के लिए रणनीति (90-120 मिनट)

प्रतिभागियों को पुनः चार दलों में विभाजित करें—

- उन सभी रणनीतिक योजनाओं पर चर्चा करें, जिनके द्वारा बाधाओं को दूर किया जा सकता है और मूल्यों को व्यक्तिगत, संगठनात्मक व सामुदायिक जीवन में संपूर्णता के साथ प्रकट किया जा सकता है।
- छह सशक्त योजनाओं पर सहमति दें।
- हर समूह संपूर्ण समूह के सामने छह-छह योजनाओं को प्रस्तुत करे, जो सार मूल्यों, बाधाओं व योजनाओं पर प्रतिबिंबित हो।

निष्कर्ष (30 मिनट)

- दिन की काररवाई का मूल्यांकन।
- प्रत्येक से कहें कि वह चुने गए एक्शन प्लान को लागू करने का वचन दे।
- इसके बाद कार्यशाला का समापन करें।

□

परिवार
पारिवारिक संबंध बनाने के लिए कार्यशालाएँ[1]

परिचय

ये कार्यशालाएँ इस तरह तैयार की गई हैं कि परिवार सकारात्मकता व सहजता के वातावरण में मिलकर कुछ सीख सकें और कामों को बेहतर तरीके से कर सकें। यहाँ आनंद, रचनात्मकता, मौन, मनन व सामूहिक संवाद को प्रोत्साहित किया जाएगा, ताकि सकारात्मक अभिव्यक्ति पाई जा सके। जीवन की गुणवत्ता का पहला अनुभव घर में ही होता है और यह सब पारिवारिक संबंधों की गुणवत्ता पर ही निर्भर करता है। ये कार्यशालाएँ परिवारों को एक साथ मिलकर कुछ कार्य करने में सहायक होती हैं—

- एक परिकल्पना को साझा करना।
- आपस में अपनेपन का समारोह मनाना।
- परस्पर सम्मान का अनुभव।
- मूल्यों व परस्पर उत्तरदायित्वों को बाँटना।

इन कार्यशालाओं की गतिविधियों से प्रतिभागी द्रवित होंगे। उनकी आंतरिक सुंदरता और आध्यात्मिक शक्ति प्रकट होगी। इस तरह उनके जीवन की जीवंतता, प्रसन्नता तथा गुणवत्ता लौट आएगी।

नियोजित श्रोता : आदर्श रूप से प्रति कार्यशाला 20–25 प्रतिभागी (3–5 परिवार)। छोटे बच्चों को छोड़कर परिवार के सभी सदस्यों को कार्यशाला में हिस्सा लेना चाहिए।

---

1. रिबेका आर्टिगा द्वारा तैयार, फिलीपींस की मानव संसाधन विकास परामर्शदाता।

अवधि : 1-3 कार्यशालाएँ तीन निरंतर सत्रों के रूप में आयोजित की जा सकती हैं। वे सभी दो से ढाई घंटे की होंगी। कार्यशाला स्वतंत्र रूप से भी प्रयोग में लाई जा सकती है।

चौथी कार्यशाला को तीन अंतः परस्पर भागों के रूप में तैयार किया गया है—

पद्धति : वार्त्ता, छोटे समूहों में विचार-विमर्श, समूह के लिए रचनात्मक गतिविधि, विशाल दलीय प्रदर्शन, रचनात्मक मानसिक चित्रण।

इस प्रयोग पर आधारित शिक्षण के तीन प्रमुख चरण हैं—

1. शिक्षण गतिविधियों के माध्यम से कुछ करना और आपस में साझा करना।
2. अनुभवों से तैयार आँकड़ों के संग्रह से सीखना तथा उन अनुभवों से निष्कर्ष निकालना।
3. शिक्षण को लागू करने के लिए एक साथ मिलकर योजना तैयार करना।

सामग्री : व्यक्तिगत अभ्यास देखें।

याद रखें—

1. परिवार कोई शब्द नहीं, यह एक मूल्य है।
2. एक स्वस्थ रूप से कार्यकारी परिवार में स्वाभिमान एक सार मूल्य है।
3. स्वस्थ पारिवारिक संबंधों के लिए स्वस्थ संप्रेषण का होना अनिवार्य है।
4. सामंजस्य किसी भी प्रसन्न परिवार का हृदय है।

□

1. अपने परिवार की ताकत को सराहना

परिवार कोई शब्द नहीं, यह एक मूल्य है।

उद्देश्य–

- परिवार के बीच बाँटे गए अनुभवों की पहचान व स्पष्टीकरण।
- परिवार के बीच बाँटे गए मूल्यों पर सहमति व उनकी सराहना।
- अपने पारिवारिक मूल्यों पर गर्व अनुभव करना और ऐसे कदम उठाना कि वे मूल्य दूसरों तक भी पहुँचाए जा सकें।

अवधि : 2 घंटा व 30 मिनट

सामग्री : चित्रफलक, फ्लिप चार्ट पेपर, मास्किंग टेप, मार्कर्स, धारीदार कागज, पेंसिलें।

1. एक साथ मिलकर काम करना/बाँटना

1.1 कुछ क्षण मौन रहने के बाद आरंभ करें। प्रतिभागियों से कहें कि वे अपने परिवार के लिए मन में शुभेच्छा उत्पन्न करें और उनसे कहें कि सबके कल्याण के लिए दुआ माँगें। इस मौन के बाद तीन प्रतिभागियों से कहें कि वे सबको बताएँ कि उन्होंने क्या माँगा।

1.2 उन्हें बताएँ कि किसी व्यक्ति के वंश की महान् उपलब्धियों, विजन व मिशन के प्रतीक के रूप में किसी भी पताका या ब्रांड इमेज आदि का क्या महत्त्व होता है। इससे पता चलता है कि उनकी क्या विशेषताएँ हैं या वे समाज के प्रति अपना क्या योगदान देते हैं।

1.3 इस गतिविधि का उद्देश्य स्पष्ट करें। इन प्रश्नों के आधार पर अपने परिवार की पताका या इमेज तैयार करें—

- आपके परिवार की सबसे बड़ी उपलब्धि क्या है?
- आपके परिवार के सबसे प्रसन्नतादायक क्षण कौन से हैं?
- आपका परिवार आपका सबसे बड़ा संसाधन व संपदा किसे मानता है?
- आपका परिवार देश व समाज के प्रति आपका योगदान क्या चाहता है?
- आप अपने परिवार को किन तीन विशेषताओं के साथ वर्णित करेंगे?

इन सभी प्रश्नों के उत्तर दें।

1.4 गतिविधियों के चरणों का वर्णन करें—

- आपस में विचार-विमर्श के बाद इन प्रश्नों के उत्तर दें। यह तय करें कि

आप अपने प्रश्नों के उत्तर देने के लिए कौन से प्रतीक अंकित करेंगे। (15-20 मिनट)

- फ्लिप चार्ट पेपर, मास्किंग टेप, मार्कर्स, धारीदार कागज व पेंसिल आदि की मदद से अपने परिवार की ब्रांड इमेज अंकित करें, जो 12 बाई 8 के आकार में हो। (10-15 मिनट)
- जब आपकी पताका/ ब्रांड छवि आदि पूरी हो जाए तो पूर्वाभ्यास करें कि उसे सबके बीच प्रस्तुत कैसे करेंगे। रचनात्मकता बनाए रखें। आप नाच, गाना या स्केचिंग को भी चुन सकते हैं।

नोट—परिवारों को निर्देश दिए जाने चाहिए कि कोई भी प्रस्तुतीकरण 5 मिनट से अधिक का न हो।

1.5 विशाल समूह (सभी परिवारों का) प्रस्तुतीकरण। हर परिवार अपना प्रदर्शन करेगा और बाकी सब उसके प्रदर्शन के अनूठे बिंदुओं को लिखते जाएँगे। दर्शक हर प्रदर्शन को ध्यान से देखें।

2. एक साथ मिलकर सीखना

2.1 इस प्रस्तुतीकरण के बाद प्रत्येक परिवार निम्नलिखित प्रश्नों के उत्तर देगा—

- आपने इस सारी गतिविधि के दौरान कैसा अनुभव किया?
- इस गतिविधि से हमारे परिवार को क्या लाभ हुआ? ऐसा कैसे संभव हुआ?
- एक परिवार के रूप में हम क्या मूल्य रखते हैं?
- हम जो भी मूल्य रखते हैं, उनमें से हमारे लिए सबसे अधिक महत्त्व किन मूल्यों का है?
- परिवार का एक रिपोर्टर नियुक्त किया जाए, जो पूरे समूह की बातचीत के दौरान निकाले गए निष्कर्षों को अपने परिवार तक पहुँचाए।

2.2 विशाल समूह की रिपोर्टिंग। हर परिवार का रिपोर्टर विशाल समूह के सामने अपने परिवार के सामूहिक शिक्षण का खुलासा करेगा।

2.3 आपसी वार्त्तालाप। उनके साथ अपने निरीक्षण बाँटें। कुछ सुझाव दिए जा रहे हैं—

प्रक्रिया के दौरान : सकारात्मकता, निस्स्वार्थ प्रेम, सहजता व आनंद के वातावरण के बीच एक साथ मिलकर काम करने की सुंदरता व महत्त्व पर

बल दें। सकारात्मक मेल-जोल से संबंधों में सुधार आता है।

निष्कर्ष : रिपोर्टिंग के दौरान सामने आए मूल्यों पर बात की जाए। प्रतिभागियों को मदद की जाए कि वे इस वाक्य का निष्कर्ष दें कि परिवार एक शब्द नहीं, एक मूल्य है।

3. एक साथ मिलकर काम करना

3.1 परिवार दायरे बनाकर बैठें। लगभग 5-10 पंक्तियों में अपने मूल्यों को फिर से लिखें। आरंभ से पहले नेता सबको बता दे कि ये वाक्य किसी भी परिवार के लिए बुनियाद, विश्वास या मार्गदर्शक हैं। प्रत्येक परिवार इन्हें निम्नलिखित रूप में लिखे—

हम...परिवार,

और...में विश्वास रखते हैं तथा इसे मान देते हैं।...

हम..हैं आदि।

3.2 विशाल समूह में विचारों का आदान-प्रदान। प्रत्येक परिवार बारी-बारी से इन पंक्तियों को सबके बीच पढ़कर सुनाएगा।

□

2. अपने आप से तथा दूसरों से प्रेम करना

किसी भी स्वस्थ रूप से काम करनेवाले परिवार में स्वाभिमान को सार मूल्य माना जाना चाहिए।

उद्देश्य : हमें परिवार के प्रत्येक सदस्य की विशेषताओं को सामने लाना है

(अ) प्रत्येक अपने बारे में क्या जानता है।

(ब) दूसरे उसके बारे में क्या जानते हैं और क्या मान्यता देते हैं।

(स) हर व्यक्ति अपनी खूबी और प्रतिभा के बारे में क्या सोचता है।

अवधि : 2 घंटे 30 मिनट

सामग्री : फ्लिप चार्ट पेपर, मास्किंग टेप, मार्कर्स, धारीदार कागज व पेंसिल, क्रेयॉन, रंगीन पत्रिकाएँ, कैंची, पेस्ट, गोंद, पुस्तक के पहले भाग से 'सम्मान' से जुड़ी व्याख्या।

1. एक साथ काम करना

1.1 मानसिक चित्रण

(धीमे शब्दों में धीरे-धीरे पढ़ें) मौन भाव से मानसिक चित्रण करें कि आप अपने प्रिय स्थान पर संसार में कहीं भी बैठे हैं···अपने आसपास के वातावरण का आनंद ले रहे हैं। अचानक आप देखते हैं कि दूर से आप दिखाई दे रहे हैं और आपका प्रसन्नचित्त रूप बड़े ही स्नेह से चलता हुआ आपके पास आने लगता है, उसका चेहरा बहुत ही शांत व संतुष्ट दिख रहा है, आप बहुत सुंदर और जीवंत दिख रहे हैं। आप अपने आपको देखकर प्रशंसा करते हैं, आप कौन सी विशेषताएँ देखते हैं? आपको कौन सी विशेष प्रतिभा दिखती है? अपने आपको देखने का आनंद लें, अगर आपको अवसर मिले तो आप इसके अतिरिक्त और क्या हो सकते हैं या बन सकते हैं? अपने आपको देखने का आनंद लें, अपने अनूठेपन को अनुभव करें, आप बहुत ही अनमोल और मूल्यवान् हैं, अब धीरे-धीरे अपनी चेतना को कक्ष तक लाएँ इस कक्ष में लाएँ, जो आपके सहित तथा आपके अपने विशेष परिवार सहित बहुत सारे अच्छे व खास लोगों से भरा है।

1.2 एक सेल्फ पोस्टर तैयार करें। (20-25 मिनट)

अपने पास रखी पत्रिकाओं में से कोई तीन तसवीरें या प्रतीक छाँटें। वे बताते हैं कि आप अपना मानसिक चित्रण किस रूप में करते हैं। जब आप ऐसा करें तो मानसिक चित्रण के दौरान बनाई गई भावनाओं को बनाए रखें। तसवीरों को काट

कर बॉण्ड पेपर के बीच चिपका दें। यह आपका अपना पोस्टर तैयार हो गया है।

1.3 आपने जो भी कोलाज बनाया है, उसके बारे में इन प्रश्नों के उत्तर देते हुए कुछ लिखें—

- आप अपने बारे में क्या जानते हैं। (इसे शीट पर पहले लिखें)।
- दूसरे आपके बारे में क्या जानते हैं? (शीट पर दाईं ओर लिखें)
- आपको अपनी कौन सी खूबियों व संभावनाओं का अनुमान है? (बाईं ओर)

जब ये पोस्टर तैयार हो जाएँ तो इन्हें एक ओर रखें और पूरा परिवार फिर से समूह में आ जाए।

1.4 छोटे समूह में बातचीत। (30 मिनट)

एक परिवार के रूप में दायरा बनाकर बैठें।

एक सदस्य स्नेहपूर्ण कथन सुनने के लिए बैठेगा और बाकी सारा परिवार उसे बताएगा कि वे उसे क्यों पसंद करते हैं, उसमें क्या-क्या खूबियाँ हैं। वे उसे क्यों पसंद करते हैं।

सबसे स्नेह व प्रशंसा पानेवाला सदस्य अपना आभार प्रकट करने के बाद सबको अपना पोस्टर दिखाएगा। वह अपनी तीन खूबियों को पहचानेगा, जिन्हें वह निरंतर विकसित करना चाहता है।

बाकी सदस्य उसकी सफलता के लिए शुभकामनाएँ देंगे।

(चाहें तो) बाकी सभी सदस्य समवेत स्वर में भी अपना आशीर्वाद और शुभकामना दे सकते हैं; जैसे—'बैकी, तुम एक दृढ़ संकल्प रखनेवाली आत्मा हो। बैकी, तुम प्रसन्नमना आत्मा हो।' उस समय इन शब्दों को सुननेवाला सजग भाव से सभी आशीर्वादों को ग्रहण करेगा और उन्हें याद रखेगा।

2. एक साथ मिलकर सीखना

2.1 निम्नलिखित प्रश्नों के उत्तर देने के लिए व्यक्तिगत रूप से 10–15 मिनट का समय दें—

- आपको कौन सा हिस्सा सबसे अधिक अच्छा लगा? आपको कौन सा भाग कम आनंददायक लगा?
- आपने अपने बारे में जो सुना, उसके आधार पर अपने बारे में क्या जाना?
- आप इस समय अपने बारे में कैसा अनुभव कर रहे हैं? आप परिवार के

हर सदस्य के बारे में कैसा महसूस कर रहे हैं?

- आप अपने स्वाभिमान की अवस्था कैसे बनाए रखेंगे?
- आपको इस प्रयास के लिए अपने परिवार से किस समर्थन की आवश्यकता होगी?

2.2 छोटे समूह की आपसी बातचीत। (20–25 मिनट)

एक परिवार के रूप में पुनः दायरा बनाएँ और अपने मनन व शिक्षण को आपस में बाँटें। परिवार की इस बातचीत को उनके द्वारा चुना गया एक रिपोर्टर नोट करेगा।

2.3 विशाल समूह की रिपोर्टिंग। (20–25 मिनट)

हर रिपोर्टर विषय तथा प्रक्रिया के अनुसार अपने-अपने परिवार के बारे में विस्तार से बताएगा।

2.4 वार्त्तालाप (5–10 मिनट)

शिक्षण तथा व्यावहारिक रूप से लागू करने के बिंदुओं को संक्षिप्त रूप दें।

वार्त्तालाप के लिए अन्य विचार—

- एक स्वस्थ रूप से क्रियाशील परिवार को विकसित करने के लिए आत्म-सम्मान तथा परस्पर सम्मान का भाव होना आवश्यक है।
- स्वस्थ संबंध सकारात्मक विशेषताओं के लेन-देन के सूचक हैं; जैसे—शांति, प्रेम व सहयोग आदि। ऐसा प्रभावी रूप से करने के लिए हमें आत्म-सम्मान की आवश्यकता होगी।
- यदि हम अपने मूल्यों के प्रति सजग होंगे तो बहुत ही सशक्त तथा आत्मविश्वासी होंगे। तब दूसरों में भी इन विशेषताओं को देख पाना सरल होगा। यदि हमारे भीतर आत्म-सम्मान का अभाव होगा तो हम अपने भीतर अधूरापन अनुभव करेंगे और उस शून्य के प्रतिबिंब के कारण ही हम दूसरों के भीतर भी दोष-ही-दोष पाएँगे। यदि हमारे पास आत्म-सम्मान का भाव होगा तो उस शून्य की खाई को भरना सरल होगा और हम मूल्यों को बिना किसी अपेक्षा के साझा कर सकेंगे।

3. एक साथ मिलकर योजना बनाना या कार्य करना

3.1 छोटे समूह का कार्य। (20–25 मिनट)

परिवार एक दायरा बनाकर बैठे। विशाल समूह की शिक्षा तथा वार्त्तालाप के आधार पर ऐसे दस कामों की सूची बनाएँ, जिनसे आप सम्मान के मूल्य का

अभ्यास कर सकें और एक-दूसरे के आत्म-सम्मान में वृद्धि कर सकें।

3.2 एक फ्लिप चार्ट पर अपने परिवार द्वारा किए जानेवाले इन कामों को अंकित करें। यह आपके परिवार के नियम बन जाने चाहिए। परिवार का हर सदस्य इसके नीचे अपने हस्ताक्षर करेगा। परिवारों को प्रोत्साहित किया जाना चाहिए कि वे इसे अपने घर में लगाएँ।

3.3 पविारों को निर्देश दें कि वे हर सप्ताहंत में 20 मिनट का समय निकालकर यह देखें कि उनके परिवार ने किस हद तक उन नियमों का पालन किया है। जिन सदस्यों ने नियमों का पालन किया हो, उनको मान अवश्य दिया जाए।

3.4 कुछ क्षण मनन के बाद सत्र समाप्त करें। कार्यशाला समाप्त करने से कुछ क्षण पहले मौन में रहें और फिर कार्यशाला का समापन करें।

□

3. पारिवारिक संप्रेषण में सुधार

स्वस्थ पारिवारिक संबंधों के लिए स्वस्थ संप्रेषण का होना अनिवार्य है।

उद्‌देश्य–

- यह अनुभव करने के लिए कि सकारात्मक मेल-जोल के साथ किस तरह आपसी समझ और मित्रता को विकसित कर सकते हैं।
- सकारात्मक संप्रेषण में सुनने व बोलने से जुड़े प्रमुख मूल्यों की पहचान।
- हर परिवार द्वारा अभ्यास में लाए जानेवाले दो मूल्यों की पहचान के लिए।

अवधि : दो घंटे

सामग्री : चित्रफलक, फ्लिप चार्ट पेपर, मास्किंग टेप, मार्कर्स।

1. एक साथ काम करना/बाँटना

मौन भाव से मनन के साथ आरंभ करें। भागीदारों से कहें कि वे परिवार में अनुभव किए गए किसी सकारात्मक व यादगार अनुभव को दोहराएँ। उस अनुभव की द्रवित करनेवाली विशेषता के बारे में बताएँ। क्या वह साहस, प्रसन्नता, सफलता, प्रेम, मधुरता या कोई और विशेषता थी? उसी अनुभव में रहें और उस विशेषता को पुनः अनुभव करें।

1.2 'राउंड रॉबिन' शेयरिंग। इन समूहों में अपने परिवार के सदस्य न हों। भाग लेनेवालों को उनका नेता ए, बी या सी का नाम दे सकता है। इस सत्र के दौरान निम्नलिखित नियमों का पालन करें—

भागीदार	**ए**	**बी**	**सी**
राउंड 1	वक्ता	श्रोता	निरीक्षक
राउंड 2	निरीक्षक	वक्ता	श्रोता
राउंड 3	श्रोता	निरीक्षक	वक्ता

भूमिका–

वक्ता 3 मिनट तक अपनी कहानी सुनाएगा।

श्रोता प्रथम पुरुष के रूप में कहानी दोहराएगा। वह भी 3 मिनट लेगा।

निरीक्षक इस बातचीत पर नजर रखते हुए समय का अनुमान रखेगा।

1.3 जब वे सभी अपनी कहानी सुना चुके हों तो बड़े समूह में वापस आ सकते हैं।

2. एक साथ सीखना

2.1 निम्नलिखित प्रश्न पूछें—

- दूसरे के मुख से अपनी कहानी सुनकर कैसा लगा?
- आपने जो कहानी सुनी, उसमें कौन सी विशेषता स्पष्ट थी?
- अब आप परस्पर कैसा अनुभव कर रहे हैं?

2.2 भागीदारों को अपनी विशेषताओं की पहचान के साथ सकारात्मक संप्रेषण की विशेषताओं को भी पहचानने को कहें—

	बोलना	**सुनना**
1.		
2.		
3.		
4.		

2.4 अपने निरीक्षण दूसरों को बताएँ। कुछ परामर्श निम्नलिखित हैं—

- जब हम विशेषताओं को सकारात्मक रूप में बाँटते हैं, तो संप्रेषण और आपसी समझ संभव हो जाते हैं।
- जब हम सकारात्मक रूप से संप्रेषण करते हैं तो किसी को दोस्त बनाने में केवल एक मिनट का समय लगता है।
- केवल बोले गए शब्दों को सुनना ही श्रवण नहीं होता, बल्कि उन शब्दों के पीछे छिपी भावनाओं को भी मान दिया जाना चाहिए और इससे भी महत्त्वपूर्ण बात यह है कि दूसरे व्यक्ति की खूबियों की पहचान करना।
- सकारात्मक संप्रेषण से सेतु निर्माण होता है और आपस में एक नाता जुड़ता है।

3. एक साथ कार्य करना तथा नियोजन

3.1 पूरा परिवार एक दायरे में बैठ जाए। 15 मिनट लगाकर उन विशेषताओं को जानें, जो परिवार में सकारात्मक संप्रेषण के लिए आवश्यक हों। हर परिवार को दो निश्चित मूल्यों के बारे में बात करनी चाहिए, जिन्हें सदस्य सबसे अधिक प्रयोग में लाना चाहें।

3.2 मूल्य के अभ्यास के लिए व्यवहारों का एक सादा साँचा दिखाएँ।

उदाहरण : सहनशीलता का मूल्य : हमें क्या…

नहीं करना चाहिए	**करना चाहिए**	**करते रहना चाहिए**
परस्पर दोष देना	भूलों के सुधार में मदद	दूसरों के अच्छे बरताव या काम को मान।

नोट—तीनों स्तंभों का मेल होना आवश्यक नहीं है। सीमा : एक स्तंभ में एक व्यवहार। व्यवहारों को सुनिश्चित करें।

3.3 मौन के कुछ क्षणों के साथ सत्र का अंत करें। ये परिवारों द्वारा अपनाए गए मूल्यों पर प्रतिबिंबित हों।

□

4. परिवार में सामंजस्य का सह-निर्माण

सामंजस्य ही एक प्रसन्न परिवार का मूल है।

संक्षिप्त विवरण

यह कार्यशाला तीन सत्रों के लिए तैयार की गई है, जिसमें प्रशिक्षक के साथ या उसके बिना भी काम चल सकता है। सप्ताह में एक दिन ऐसा चुनें, जब सारा परिवार मिलकर इस विषय में चर्चा कर सके। आदर्श रूप से उस घर में रहनेवाले सभी लोगों को उस सत्र में शामिल होना चाहिए, चाहे वे परिवार के सदस्य न हों।

कार्यशाला को तैयार करने के लिए ज्वेल्स फॉर लाइफ वर्च्यु काड्र्स का प्रयोग किया गया है, जिन्हें आइसलैंड के ब्रह्माकुमारी राजयोग केंद्र द्वारा प्रकाशित किया गया है। हम इन्हें सद्गुण कार्ड का संबोधन देंगे। (lotusshus@lotusshus.is)

इस कार्यशाला के अंत में काड्र्स की कॉपी ली जा सकती है। आप चाहें तो रंगीन कागज पर इन्हें प्रिंट कर सकते हैं या अपने लिए स्वयं भी तैयार कर सकते हैं।

पारिवारिक कार्यशाला के उद्देश्य

तीसरे सत्र के अंत तक परिवार तथा परिवार के सदस्य अपने भीतर एक अद्भुत सामंजस्य अनुभव करेंगे—

- उनके आत्मसम्मान के भाव में वृद्धि होगी और वे हर परिजन की सकारात्मक विशेषताओं को सराह सकेंगे।
- परिवार के सदस्यों के बीच सकारात्मक तथा भय-रहित फीडबैक देने को सराहना।
- परिवार में एक सार्थक व स्नेही वार्त्तालाप के लिए सरल, हलके तथा आनंदपूर्ण वातावरण का सृजन।

सामग्री तथा कार्यशाला से पहले की तैयारी

- एक बड़ा कक्ष, जिसमें कम-से-कम पंद्रह लोग एक नीची मेज के आसपास दायरा बनाकर बैठ सकें।
- सद्गुण काड्र्स की दो-तीन गड्डियाँ।

- सोल रिफ्रेश फॉर्म (परिवार के हर सदस्य के लिए)। इसकी प्रति पुस्तक से ली जा सकती है।

सत्र की अवधि : कार्यशाला सत्र के अनुसार दो-ढाई घंटे।

भागीदारों की संख्या : 10-15, यदि किसी परिवार में कम सदस्य हों तो वे दूसरे परिवार को भी बुला सकते हैं। उन्हें अपने निकट मित्रों के परिवार ही बुलाने चाहिए।

□

भाग-1 : अपने आपकी प्रशंसा करना।

सामग्री

1. सीडी प्लेयर तथा तेज संगीत की सीडी
2. तीन-चार नरम कुशन
3. स्टार शीट की प्रतियाँ
4. हर व्यक्ति से कहें कि वह अपनी दो बाई दो की तसवीर सत्र में साथ लाए।
5. गोंद की बोतल

1.1 एक साथ रहना व कार्य करना। (60 मिनट)

1.1.1 आरंभ में कहे जानेवाले वाक्य। सभी सदस्यों को नीची मेज के आसपास एकत्र करें। उन्हें आश्वस्त करें कि तीनों सत्रों की गतिविधियाँ आनंद व मौज-मस्ती से भरपूर होंगी।

1.1.2 आत्मपरिचय (15-30 मिनट)

- गतिविधि के आरंभ में कहें, 'बैकी, मैं अपने आपसे प्यार क्यों करती हूँ, (अगर नेता का यह नाम है)? वह कुशन को गले लगाकर वाक्य पूरा करेगी, 'मैं तुमसे प्यार करती हूँ बैकी, क्योंकि तुम हमेशा मुसकराती हो और प्रसन्न रहती हो।'
- अपनी दाईं ओर बैठे व्यक्ति को कुशन दे दें।
- तेज संगीत चला दे। जब संगीत रुकेगा तो जिसके पास कुशन होगा, वह वाक्य पूरा करेगा। मैं तुमसे प्यार करता हूँ, क्योंकि तुम…हो।
- इसके बाद संगीत बजेगा और गतिविधि तब तक चलेगी, जब तक सभी सदस्य अपने बारे में कुछ-न-कुछ बता नहीं देते।

1.1.3 अभिकथन (15-30 मिनट)

- आखिरी व्यक्ति से कुशन लें और कहें, 'जिम्मी! हाँ, मैं तुम्हें पसंद करता हूँ, क्योंकि तुम्हारा स्वभाव बहुत खुशनुमा और दोस्ताना है।'
- जिम्मी कुशन को दाईं ओर देते हुए कहता है, मैं तुमसे प्यार करता हूँ (व्यक्ति का नाम), क्योंकि…।
- इसी तरह बाकी सभी अपनी दाईं ओर बैठे व्यक्ति की सराहना करते जाते हैं।
- जब कुशन आखिरी व्यक्ति तक आ जाता है तो वे अपनी बाईं ओर बैठे

व्यक्ति की प्रशंसा करना आरंभ कर देते हैं।

1.1.4 हमारी भावनाओं व अपेक्षाओं को बाँटना। (30 मिनट)

(अ) निम्नलिखित प्रश्न पूछें—

- क्या यह कहना सरल था या कठिन। मैं अपने आप से प्यार करता हूँ, क्योंकि·· । क्यों?
- अगर कोई आपसे कहे कि वह आपसे प्यार करता है तो आप कैसा महसूस करते हैं, क्यों?
- आप दूसरों से अभिकथन या प्रशंसा लेते समय और अधिक सहज कैसे हो सकते हैं?
- हम प्रतिदिन अपने आपको ऐसे प्रशंसात्मक वाक्य कहते हुए अपने सद्गुणों तथा सकारात्मक विशेषताओं को कैसे अनुभव कर सकते हैं?

(ब) बद्ध कार्यशाला श्रृंखला का वर्णन करें—

- लोगों द्वारा हमारी अच्छाई व बुराई के आधार पर ही हम अपने आपको जान पाते हैं। दूसरों की अच्छी व सकारात्मक विशेषताओं को सुनने पर हम उनकी और अधिक प्रशंसा कर सकते हैं।
- आपके अनुसार जब हम स्वयं को बेहतर तरीके से जानने लगेंगे तो क्या होगा?
- जब हम परिवार के सदस्यों व मित्रों को बेहतर तरीके से जानने लगेंगे तो कौन सी अच्छी बातें होंगी?
- हम तीन सत्र तक एक साथ रहेंगे, ताकि स्वयं को तथा पूरे परिवार को प्रशंसा देना सीख सकें। क्या हममें से कोई अपने तथा परिवार के लिए कोई इच्छा कर सकता है; जैसे तीन सप्ताह के बाद मैं अपने तथा परिवार के सदस्यों के लिए और अधिक प्यार पाना चाहता हूँ या काश, ऐसा हो जाए कि मेरे भाई-बहन मेरा मजाक उड़ाना या मुझे चिढ़ाना छोड़ दें।
- प्रत्येक से कहें कि वह अपने परिवार तथा अपने लिए कोई इच्छा प्रकट करे।

1.2 प्रशंसा करना तथा एक साथ होना। (60 मिनट)

1.2.1 सभी लोगों से कहें कि वे अपने परिवारों के साथ घेरा बनाकर बैठें। परिवार के हर सदस्य को एक स्टार शीट और कुशन दें। उन्हें निम्नलिखित निर्देश दें—

परिवार के सबसे छोटे सदस्य से आरंभ करें। एक स्टार शीट लें और उस पर उसकी फोटो लगाएँ। स्टार का चेहरा परिवार की ओर हो। परिवार का हर सदस्य उस स्टार की खूबियों के बारे में बात करे। स्टार की खूबियाँ जताने के लिए एक कहानी सुनाएँ।

परिवार के सदस्यों द्वारा बताई गई खूबियों को स्टार शीट पर लिखें। उन्हें स्टार के कोनों पर इस तरह लिखें—

सभी व्यक्तियों से कहें कि वे अपनी स्टार शीट घर ले जाकर कहीं चिपका दें, ताकि उन्हें अपनी विशेषताएँ लिखी दिखाई देती रहें।

1.3 पारिवारिक कार्यशाला की समाप्ति

हलका संगीत चलाकर सभी से कहें कि वे कुछ क्षण मौन रखें।

हम इन अद्भुत गतिविधियों को पूरा करने के बाद यहाँ मौन भाव से बैठे हैं हमें अनुभव हो रहा है कि हम अपने परिवार से संबद्ध होने के कारण कितने भाग्यशाली हैं। (विश्राम) हम सबके भीतर सुंदर आंतरिक विशेषताएँ हैं। हम पूरी तरह सकारात्मक व नेक हैं। (विश्राम) जब हम इन विशेषताओं का अभ्यास करते हुए इनके साथ जीते हैं तो वे हमारे तथा संसार के लिए उपहार के समान हो जाते हैं (विश्राम)। हमारे विचारों तथा भावनाओं को भी अच्छाई से भरपूर होना चाहिए।

भाग-2 : अपनी विशेषताओं के साथ जीना

सामग्री

1. सीडी प्लेयर तथा ध्यानपरक संगीत का ऑडियो।
2. सभी प्रतिभागियों के लिए सोल रिफ्रेश शीट की प्रतियाँ।
3. सद्‌गुण कार्ड्‌स।

सत्रों की अवधि : दो घंटे

2.1 कुछ करना व एक साथ होना। (60 मिनट)

2.1.1 सत्र के आरंभ में।

भाग लेनेवाले परिवारों का स्वागत तथा परिवार में सामंजस्य का सह-निर्माण। कार्यशाला के दूसरे सत्र का आरंभ।

2.1.2 पिछले सप्ताह पर एक नजर।

(अ) हलका संगीत चलाएँ, ताकि वे मौन भाव से पिछले सप्ताह अपने परिवार के साथ की गई गतिविधियों के अनुभवों को एक बार फिर से ताजा कर सकें।

मैं यहाँ बैठकर पिछले सप्ताह के अनुभव को देख रहा हूँ। पिछले सप्ताह की कार्यशाला के बाद मुझमें और मेरे परिवार में कौन से सकारात्मक बदलाव आए हैं? (विश्राम) मैं अपने परिवार से संबंध रखते हुए इन विशेषताओं से संबंध कैसे रखता हूँ? (विश्राम) मैं अपने परिवार का मानसिक चित्रण करता हूँ—प्यार व स्नेह से भरपूर एक शांतिदायक वातावरण तथा सामंजस्य-युक्त संबंध। (विश्राम) मैं अपने आपसे और अपने परिवार से प्यार करता हूँ। मुझे यह जानकर प्रसन्नता है कि मैं इस अद्‌भुत परिवार का सदस्य हूँ।

अब सभी से कहें कि पिछले सप्ताह की गतिविधियों से प्राप्त सकारात्मक अनुभवों को सुनाएँ।

2.1.3 सोल रिफ्रेश का परिचय

सबको बताएँ, ऐसा इसलिए किया जा रहा है, ताकि हमारे परिवार को पूरे सप्ताह तक जीवन के लिए तीन प्रमुख मूल्य दिए जा सकें। गुण हमारे जीवन व संबंधों को मधुर, गंध-युक्त एवं आनंदमयी बनाते हैं। जब हम अपने जीवन को सकारात्मक गुणों के साथ जीते हैं तो हमारा जीवन बाधाओं से रहित हो जाता है। समस्याओं व बहानों को समाधानों में बदलते देर नहीं लगती। हमें अपने व्यावहारिक जीवन में भी इन गुणों को उतारना चाहिए।

2.2 सोल रिफ्रेश गतिविधि

2.2.1 परिचय

- सभी प्रतिभागियों से कहें कि वे अपने परिवारों में शामिल हों
- हर परिवार को गुणों के कार्ड की एक-एक गड्डी दे दें।
- उनके बीच सोल रिफ्रेश फॉर्म भी वितरित करें।
- उन्हें कहें कि वे फॉर्म पर अपना नाम व तिथि लिखें।
- परिवार के किसी एक सदस्य को उन कार्डों को आपस में मिलाते हुए मेज पर फैलाना है, पर उनका मुँह नीचे की ओर होगा।
- उन्हें बताएँ कि इस गतिविधि में उनके परिवार को तीन कार्ड चुनने होंगे, जो अगले सात दिन तक उनके निर्णयों, चुनावों, संबंधों तथा मेल-जोल को परिभाषित करेंगे। सात दिन क्यों? सात दिन के भीतर आप अपने जीवन को अच्छी तरह रूपांतरित कर सकते हैं।

2.2.2 सोल रिफ्रेश प्रक्रिया

(अ) आपका पहला सद्‌गुण कार्ड आशीर्वाद कार्ड है—

- अगले सात दिन के बारे में सोचकर अपने आपसे पूछें, 'मुझे अगले सात दिन तक किस सकारात्मक विशेषता का अभ्यास करना चाहिए, ताकि मैं अलग हालात और लोगों से संबंध रखते हुए अपने जीवन में सहजता और सफलता ला सकूँ?'
- ताश की गड्डी में से कोई भी कार्ड चुनें।
- अब जब दूसरे पत्ता निकाल रहे हों तो आप अपने पत्ते पर विचार करें।
- जब सभी पत्ता निकाल लें तो वे अपने सद्‌गुण की परिभाषा को जोर से पढ़ें।
- अपने आशीर्वाद पत्ते की अंतर्दृष्टि को सबके साथ बाँटें।
- अपने सोल रिफ्रेश फॉर्म पर भी इस सद्‌गुण को लिखें।
- सभी पत्ते एक बार फिर से वापस रखें और फेंट लें।

(ब) आपके लिए दूसरा कार्ड सहयोग कार्ड आया है।

- अपने पहले पत्ते को याद करते हुए सोचें—'ऐसा कौन सा सद्‌गुण होगा, जो इस सप्ताह मेरे हर काम या प्रयास में संतुलन लाने के लिए उपयुक्त होगा?'
- ताश की गड्डी में से कोई भी कार्ड चुनें।
- अब जब दूसरे पत्ता निकाल रहे हों तो आप अपने पत्ते पर विचार करें।

- जब सभी पत्ता निकाल लें तो वे अपने सद्‌गुण की परिभाषा को जोर से पढ़ें।
- अपने सोल रिफ्रेश फॉर्म पर भी इस सद्‌गुण को लिखें।
- सभी पत्ते एक बार फिर से वापस रखें और फेंट लें।

(स) आपके लिए तीसरा कार्ड चुनौती कार्ड आया है।

- अपने दूसरे पत्ते को याद करते हुए सोचें, 'ऐसा कौन सा सद्‌गुण होगा, जो इस सप्ताह मेरी कठिनाइयों, भ्रमों तथा अनिश्चितता को दूर करने के लिए उपयुक्त होगा?'
- ताश की गड्डी में से कोई भी कार्ड चुनें।
- अब जब दूसरे पत्ता निकाल रहे हों तो आप अपने पत्ते पर विचार करें।
- जब सभी पत्ता निकाल लें तो वे अपने सद्‌गुण की परिभाषा को जोर से पढ़ें।
- अपने सोल रिफ्रेश फॉर्म पर भी इस सद्‌गुण को लिखें।
- सभी पत्ते एक बार फिर से वापस रखें और फेंट लें।

2.3 अंतर्दृष्टि तथा भावनाओं को बाँटें

2.3.1 सोल रिफ्रेश गतिविधि के बाद भागीदारों से कहें कि वे अपनी अंतर्दृष्टि तथा भावनाओं को आपस में साझा करें। पूछें—

- आप अपने तीन पत्तों के बारे में कैसा अनुभव करते हैं?
- आपको अपने आशीर्वाद और सहयोगवाले पत्ते से क्या संदेश मिला?
- आपको चुनौतीवाले पत्ते से क्या संदेश मिल रहा है?
- आपने इस गतिविधि से अपने लिए क्या सीखा?

2.3.2 उनके परिवार के सदस्यों के बारे में पूछें—

- उनके पत्तों के [illegible] पर देखें कि आपने उनके बारे में क्या जाना?
- आप अब अपने परिवार के बारे में क्या सोचते हैं?

एक सप्ताह के लिए अपने तीन सद्‌गुणों का चार्ट रखना

इस तरह आपको पता लग सकेगा कि आप कितनी सही तरह काम कर रहे हैं। इस तरह हम अपने जीवन में आनेवाले बदलावों की सटीक तसवीर पा सकते हैं।

- पूरा दिन इन्हीं सद्‌गुणों का अभ्यास करें।
- यह देखें कि वे आपको प्रसन्न तथा सहज रहने में किस तरह सहायक हैं?
- रात को सोने से पहले याद करें कि आपने पूरे दिन में कैसे विस्मयकारी अनुभव पाए या आपने कौन सी भूलें कीं? इसके साथ ही मानसिक चित्रण करें कि आप उन्हें आनेवाले कल में कैसे सुधार सकेंगे?
- किसी भी निराशा या चिंता को त्याग दें।
- अपने सफलता के चार्ट को देखने के बाद बड़े ही आराम से गहरी नींद लें।

2.4 कार्यशाला का समापन

सबसे कहें कि वे आराम से बैठकर निम्नलिखित भाष्य का आनंद लें—

- हम यहाँ बैठकर अनुभव कर पा रहे हैं कि सद्‌गुण प्रत्येक आत्मा का स्वाभाविक अंग है। अच्छाई हर आत्मा की स्वाभाविक इच्छा है। (विश्राम)
- मैं शांति चाहता हूँ, क्योंकि मैं शांतिप्रिय हूँ।
- मैं प्यार चाहता हूँ, क्योंकि मैं एक स्नेही जीव हूँ। (विश्राम)
- शुद्धता, शांति, प्रेम, सत्य, दया तथा आध्यात्मिक शक्ति आत्मा का सौंदर्य है। (विश्राम)
- मैं एक प्रकाश रूपी बलशाली अस्तित्व के रूप में अपना मानसिक चित्रण करता हूँ। (विश्राम)

□

भाग-3 : भविष्य की ओर एक साथ बढ़ना

आवश्यक सामग्री—

1. सीडी प्लेयर तथा ध्यान लगाने में सहायक संगीत का चुनाव।
2. सोल रिफ्रेश फॉर्म्स की प्रतिलिपियाँ तैयार करना।
3. सद्‌गुण कार्ड।
4. कला सामग्री : बड़े चित्रफलक कागज, मोमी रंग, रंगीन पेंसिलें तथा पेन, मास्किंग टेप का रोल, रंग-बिरंगे कागज, कटआउट आदि के लिए पुरानी पत्रिकाएँ आदि।
5. भाग लेनेवाले प्रत्येक परिवार से आग्रह करें कि वे अपने साथ कोई एक भोज्य सामग्री लाएँ, जिसे कार्यशाला समाप्त होने के बाद सभी मिलकर खा सकें।

सत्र की अवधि : 2 घंटे

3.1 एक साथ काम करना व रहना। (75 मिनट)

3.1.1 प्रारंभिक कथन

परिवार सह-सामंजस्य निर्माण सत्र के तीसरे भाग में भागीदारों का स्वागत करना।

3.1.2 हमारे परिवार के लिए एक परिकल्पना रचना।

ध्यानपरक संगीत लगाएँ और सभी लोगों से मौन धारण करने को कहें—

- अब जब हम यहाँ मौन भाव से बैठे हैं, हम एक ऐसे आदर्श परिवार का चित्रण करते हैं, जहाँ प्रेम, सम्मान, सामंजस्य, सहयोग तथा आपसी लगाव का भाव पाया जाता है। (विश्राम दें)
- मैं इस आदर्श परिवार के घर में क्या देखता हूँ और क्या स्पर्श करता हूँ? (विश्राम दें)
- परिवार के सदस्य एक-दूसरे से कैसे मिलते हैं तथा संवाद स्थापित करते हैं? (विश्राम दें)
- अपने परिवार का एक आदर्श परिवार के रूप में मानसिक चित्रण करें। ऐसे आदर्श परिवार का हिस्सा बनकर कैसा अनुभव होगा? (विश्राम दें)
- अपनी बातचीत को सुनें। सदस्यों के बीच किन भावनाओं या शब्दों का आदान-प्रदान हो रहा है। (विश्राम दें)

अपने आदर्श परिवार में एक पारंपरिक सप्ताहांत का मानसिक चित्रण करें।

3.1.3 गुणों व योग्यताओं को आपस में बाँटें।

भागीदारों से कहें कि वे अपने परिवारों के साथ बैठें और इस अभ्यास में उन योग्यताओं व गुणों को बाँटें, जिनका उन्होंने मानसिक चित्रण किया।

3.1.4 एक परिकल्पना या दर्शन विकसित करें।

जब सभी सदस्य अपने अनुभव सुना दें तो आपसी सहमति से एक आदर्श परिवार की परिकल्पना तैयार करें।

3.1.5 एक प्रस्तुति तैयार करें।

स्केच, संगीत व नृत्य या किसी आदर्श परिवार के चित्र के साथ अपने आदर्श परिवार की प्रस्तुति की योजना तैयार करें। इसके लिए यथासंभव सामग्री प्रदान की जाए।

3.1.6 भाग लेनेवाले परिवारों की परिकल्पना की प्रस्तुति।

परिवारों से कहें कि वे आगे आकर सबके द्वारा प्रस्तुत की गई परिकल्पनाओं व दर्शन को देखें। जब वे उन रचनात्मक प्रस्तुतीकरणों को देखें तो उन्हें विभिन्न प्रस्तुतियों में समरूपता तथा विरूपता को भी पहचानना चाहिए।

3.1.7 इन परिकल्पनाओं के सामान्य तथा अद्‌भुत पक्षों को जानें।

सारे दल को निम्नलिखित जानने में सहायक हों—

- परिवार की परिकल्पनाओं के सामान्य व अद्‌भुत पक्ष
- सभी परिवारों के लिए सामान्य मूल्य तथा परिवार के लिए अद्‌भुत व अनूठे मूल्य।

3.2 अपनी परिकल्पना को यथार्थ रूप प्रदान करना (15 मिनट)

सभी भागीदारों से कहें कि वे अपने परिवार के समूहों में वापस जाएँ।

परिवारों को अगली गतिविधि पूरी करने का मार्गदर्शन दें—

3.2.1 पारिवारिक सामंजस्य के गुण

हर परिवार को सद्‌गुण कार्ड की एक गड्डी दी जाएगी। एक परिवार के रूप में वे एक सप्ताह के लिए सद्‌गुण चुनेंगे। वे एक सप्ताह के लिए उसे अभ्यास में लाएँगे, ताकि अपने विजन या परिकल्पना को वास्तविकता में बदल सकें। पत्ते फेंटने के बाद मेज पर रख दिए जाएँगे।

आशीर्वाद कार्ड

- प्रत्येक व्यक्ति मन ही मन अपने आप से पूछेगा, 'इस सप्ताह हमें मिलकर किन दो सकारात्मक विशेषताओं पर काम करना होगा, ताकि हम अपने पारिवारिक जीवन और संबंधों में सहजता व सफलता ला सकें?'
- सारा परिवार मन-ही-मन इस प्रश्न पर विचार करेगा।
- इसी मौन भाव में दो सदस्य आशीर्वाद कार्ड लेंगे।
- हर सदस्य उन दो पत्तों के बारे में अपने विचार साझा करेगा।
- सभी सदस्य सोल रिफ्रेश फॉर्म पर अपने कार्ड की परिभाषा लिखेंगे।

पत्ते फिर से फेंटकर मेज पर फैला दिए जाएँगे।

सहयोग सद्गुण कार्ड

- परिवार के आशीर्वाद कार्ड को सहयोग देने के लिए सभी सहयोग कार्ड लेंगे और स्वयं से पूछेंगे, 'इस सप्ताह मुझे किस गुण के अभ्यास की आवश्यकता होगी, ताकि मैं अपने मेल-जोल और पारिवारिक जीवन में सहजता व सामंजस्य का संतुलन ला सकूँ?'
- इस दौरान आप अपने पत्ते के गुण पर मनन करें।
- जब सभी अपने पत्ते उठा लें तो बारी-बारी से अपने गुण की परिभाषा पढ़ें।
- अपने सोल रिफ्रेश फॉर्म पर दूसरे पत्ते की परिभाषा लिखें।
- पत्तों को गड्डी में रखें और फेंट लें।

चुनौती कार्ड

- परिवार किसी सदस्य से पत्ता उठाने को कहे, जो यह प्रश्न उठा सकता है—हम सभी को किस गुण का अभ्यास करना चाहिए, ताकि हम सभी अपने बीच होनेवाले कलह और संघर्ष को कम-से-कम कर सकें?
- हर सदस्य अपने सोल रिफ्रेश फॉर्म पर चुनौती कार्ड को लिखेगा।
- एक सदस्य रंगीन कागज पर पेन की मदद से परिवार के लिए आशीर्वाद तथा चुनौती को लिखेगा और उसे ऐसे स्थान पर लगाया जाएगा, ताकि वह सभी को याद दिलाता रहे। जैसे—

पारिवारिक सामंजस्य के लिए सद्गुण

हमारे आशीर्वाद : स्वीकृति व अनुशासन

हमारी चुनौती : क्षमा

सदस्यों के हस्ताक्षर

तिथि

- एक सप्ताह बाद परिवार फिर से मिलेगा तथा अपने सामान्य मूल्यों के परिणामों का आकलन करेगा और इसके साथ ही परिवार में सामंजस्य बनानेवाले व्यक्तिगत सद्गुणों की भी परख होगी।

3.3 कार्यशाला का समापन। (30 मिनट)

3.3.1 आपस में विचार साझा करें।

सभी सदस्यों को प्रोत्साहित करें कि वे अपने निजी तथा पारिवारिक लाभ सबके साथ बाँटें। उनसे कहें, 'परिवार सामंजस्य कार्यशाला का हिस्सा बनकर आपको सबसे अधिक प्रसन्नता किससे मिली? क्यों? आप एक शब्द या सकारात्मक भाव प्रकट करनेवाले वाक्य के साथ अपनी बात रख सकते हैं।

3.3.2 कार्यशाला में सुधार के लिए फीडबैक लें।

उनसे सुधार के लिए सुझाव माँगें।

सभी को कार्यशाला में हिस्सा लेने के लिए धन्यवाद दें और उनके अच्छे भविष्य के लिए शुभकामनाएँ दें।

3.3.3 व्याख्यान दें

कोई धीमा संगीत चला दें और भागीदारों के अनुभवों के आधार पर कुछ पंक्तियाँ कहें।

3.3.4 हिस्सा हल्का भोजन

हर परिवार अपने साथ एक व्यंजन बनाकर लाएगा, जिसे सबके साथ बाँट कर खाया जाएगा।

□

सद्‌गुण रूपी सितारा

- इस सितारे के बीचोबीच अपनी तसवीर लगाएँ।
- सितारे की किरणों के रूप में अपनी 5–10 सकारात्मक विशेषताएँ लिखें, जो आपके परिवार के सदस्यों को आप में दिखाई देती हैं।
- अपने घर में इस स्टार शीट को चिपकाएँ, ताकि आप स्वयं को अपने आंतरिक सौंदर्य की याद दिला सकें।

193

सोल रिफ्रेश···

एक सप्ताह के लिए अपने सकारात्मक गुणों के साथ जीने के बाद जानें कि आपके भीतर क्या परिवर्तन आया··

मेरे आशीर्वाद :

मेरा सहयोग :

मेरी चुनौती :

नाम :

तिथि :

पारिवारिक सामंजस्य के लिए सद्‌गुण

(परिवार के लिए____________________________________)

हमारे आशीर्वाद

हमारी चुनौती

परिवार के सदस्यों के हस्ताक्षर :

तिथि :

जीवन सद्‌गुण कार्ड के रत्न

संतुलन आप अपने और अपने जीवन के साथ एकात्म हैं, इसलिए आप सही समय पर उचित कार्य करते हैं। आप अपने जीवन को सहज भाव से उचित दिशा में प्रवाहित करते हैं।	**साहस** आपके पास अपने प्रति ईमानदार होने का साहस है और आपकी मंशा निष्पाप है। आप नई दिशा में जाने से भयभीत नहीं होते। आप जानते हैं कि साहस के एक कदम के साथ ईश्वर की ओर से हजार गुना सहायता प्राप्त होती है।
सुंदरता आप समझ के आंतरिक नेत्रों से हर आत्मा तथा हर क्षण के सौंदर्य को मुक्त मन व हृदय से देखते हैं और इसकी संपूर्णता को जानते हैं।	**दृढ निश्चय** आप अपने उद्‌देश्य तथा अपने आप पर पूरा विश्वास तथा भरोसा रखते हैं। आप अपने मन में किसी संदेह को नहीं आने देते और अपने लक्ष्य तक जाते हैं।
स्नेह आपका मन विशुद्ध व स्वच्छ है और सबके प्रति शुभकामनाओं से भरा है। इस तरह आप एक महान् आत्मा हैं। आपकी उपस्थिति दूसरों को साहस व आशा प्रदान करती है।	**उत्साह** जीवन के प्रति आपका रवैया सकारात्मक है। आप हर क्षण को एक अवसर के रूप में प्रयोग में लाते हैं, ताकि इस संसार में बेहतर तरीके से योगदान दे सकें।
दूसरों की परवाह करना आप वाकई दूसरों की परवाह करनेवाले, अपने आसपास के लोगों के अपने मधुर शब्दों, सच्ची मुसकान व धैर्यपूर्ण रवैए से आराम व आशा प्रदान करनेवाले हैं।	**विश्वास** आप अपने पर ईश्वर तथा जीवन के इस खेल पर पूरा विश्वास रखते हैं। आप विश्वास के बल पर असंभव को संभव करते हैं। आपका विश्वास ईश्वर को भी आपकी सहायता करने पर विवश कर देता है और विजय सुनिश्चित हो जाती है।
स्पष्टता आपका मन एक निरभ्र आकाश की तरह व्यर्थ के विचारों से मुक्त है। आप हमेशा बड़ी बात, तसवीर देखते हैं और झट से हैं कि बेहतर परिणाम पाने के लिए क्या करना समझ जाते होगा।	**लोच** आपका जीवन एक नृत्य है, जो स्वाभाविक व संगतिपूर्ण प्रवाह में जारी है। आप दूसरों की सुनने, कुछ सीखने तथा स्वयं को हर क्षण के अनुकूल बदलने की योग्यता रखते हैं।

संतुष्टि संतोष सभी सद्गुणों का रत्न है। आप जीवन को पूरी तरह स्वीकारते हुए सभी लोगों व वस्तुओं को उसी रूप में स्वीकार करते हैं, जैसे वे हैं। आप अपने तथा जीवन के प्रति शांत भाव रखते हैं।	**क्षमाशीलता** आप सच्चे दिल से प्यार करते हैं, इसलिए आप किसी को भी क्षमा करते हुए उसे अतीत से मुक्त कर सकते हैं। इस तरह सारे घाव भरते हैं और नई शुरुआत सामने आती है।
स्वतंत्रता आप अतीत से पीछा छुड़ाकर वर्तमान के एक-एक क्षण का आनंद लेते हैं, जीवन के रोमांच का अनुभव करते हैं। आप किसी भी चीज को पकड़कर नहीं रखते। इस तरह आप मुक्त हैं।	**सहज ज्ञान** आप मौन में जाकर उत्तरों की तलाश करते हैं। आप संपर्क साधते हैं और सत्य स्वयं सामने आ जाता है।
उदारता आप असीम दयालुता के बल पर अपनी उदारता का परिचय देते हैं। आपका हृदय दयालु है, क्योंकि ईश्वर ने इसे प्रेम से परिपूर्ण किया है।	**सहजता** आप सहज व अतीत के विचारों से मुक्त हैं। आप जीवन को एक अद्भुत खेल की तरह देखते हैं, जिसका बहुत प्यार से आनंद लिया जाना चाहिए।
आभार आप प्रत्येक क्षण में जीवन से मिले उपहारों को देखते व सराहते हैं और आपके द्वारा लिये गए हर कदम के साथ आपका सौभाग्य प्रगति कर जाता है।	**प्रेम** प्रेम जीवन का आधार है। आप अपने सच्चे हृदय के साथ सबके प्रति सच्चा प्रेम बाँटते हैं।
प्रसन्नता जब आप सच्चे दिल से दूसरों के साथ कुछ बाँटते हैं तो आपको प्रसन्नता होती है। तब आप निस्स्वार्थ भाव से कोई आकांक्षा नहीं रखते।	**आशावादिता** आप हर चीज में छिपे कल्याण को जानते हैं। आप जहाँ भी हों, सारे वातावरण को अपने सकारात्मक विचारों तथा सबके लिए सद्भाव से परिपूर्ण कर देते हैं।
ईमानदारी आप अपने लिए सच्चे व ईमानदार रहकर सबका विश्वास जीतते हैं। आप दूसरों की राय पर निर्भर नहीं रहते और सत्य के लिए	**शांति** शांति आपका सच्चा स्वभाव तथा सबसे बड़ी ताकत है। आप अपनी आंतरिक शक्ति की रक्षा करते हैं। वह आपका सबसे कीमती खजाना है

खड़े होने से भी संकोच नहीं करते।	और आप उस पर बाहरी जगत् के बवंडरों का प्रभाव नहीं होने देते।
विनय विनय ऐसी महानता है, जो आत्मसम्मान से उपजती है। आप इस विषय में जानते हैं कि आप क्या हैं, इसलिए आप अपने लिए नाम, पहचान या पद नहीं चाहते। आप मुक्त हैं।	**शुद्धता** आपका हृदय प्रत्येक जीव के लिए दयालुता व सम्मान से भरा है। आप यही उद्देश्य रखते हैं कि आपके द्वारा आपको या किसी दूसरे को पीड़ा या कष्ट न हो।
अखंडता आप सच्चाई से प्रेम करते हैं और अपने आदर्शों के अनुसार जीने का प्रयत्न करते हैं। आपकी सोच, करनी और कथनी में अंतर नहीं होता, इसलिए आप पर भरोसा किया जाता है।	**सम्मान** आप पहचानते हैं कि हर मनुष्य अपने आपमें अनूठा होता है और आप उस सौंदर्य की कद्र करते हैं, जिसके अनुसार हर व्यक्ति अपनी महक से बगिया महकाता है। आपका यह सम्मानपूर्ण भाव ही हर स्थान पर सुंदरता व आपसी तालमेल पैदा करता है।
प्रभुत्व आपके असीम नजरिए और उदार हृदय से आपका प्रभुत्व झलकता है। आप मानवता के प्रति प्रेम रखते हैं, उसे एक विशाल परिवार मानते हैं और यह चाहते हैं कि सबका कल्याण होना चाहिए।	**शक्ति** आपके पास महान् आंतरिक शक्ति है, जो भूलों को विवेक में बदल सकती है, भय को साहस और पराजय को जय में बदल सकती है। आप सच के साथ जीते हैं और अपने मूल्यों का पक्ष लेते हैं।
मौन मौन ही विशुद्ध हृदय की भाषा है। यह ईश्वर की भाषा तथा प्रेम का संगीत है। आपकी मानसिक स्थिरता ईश्वर के प्रकाश के लिए द्वार खोलती है और शाश्वत प्रेम व शक्ति पाने का माध्यम बनती है।	**सत्य** सत्य आपके शुद्ध तथा ईमानदार मन का अपना ही गहन प्रतिबिंब है। आप स्वयं को छल नहीं सकते और कोई भी आपको असत्य को स्वीकार करने के लिए बाध्य नहीं कर सकता। आप वास्तव में प्रसन्न रहते हैं।
आत्म-सम्मान आपने अपना मूल्य जान लिया है और आपसे आत्मविश्वास झलकता है। आप दूसरों को भी प्रेरित करते हैं कि वे अहं के झूठे खेल से बाहर आएँ। आप प्रत्येक के भीतर बसी	**सहनशीलता** आपकी गहराई और परिपक्वता आपको सतह से परे जाने तथा हर वस्तु का गहन महत्त्व जानने में सहायक होगी। शांति की सच्ची प्रकृति के साथ एकात्म रहने से आप हर परिस्थिति में

आत्मा को देखते हैं और अपने आध्यात्मिक बंधु को पहचानते हैं।	संतुष्ट व सहनशील रह सकेंगे।
सादगी आपसे आंतरिक सौंदर्य तथा संतोष झलकता है, क्योंकि आपके पास किसी भी कृत्रिमता से परे जाने तथा सादगी से जीने का साहस है।	**विवेक** केवल आपके शब्दों से नहीं, आपके संपूर्ण अस्तित्व से आपका विवेक झलकता है। आप जो भी करते हैं, वह इसी गहरी समझ पर आधारित होता है कि आपका अस्तित्व सबके लिए कल्याणकारी है।

□

कक्षाएँ
एक बेहतर संसार के लिए
मूल्यों को साझा करना : पाठ्यक्रम[1]

परिचय

हम अपने जीवन में जो भी दिशा ग्रहण करते हैं, वह हमारे मूल्यों का ही परिणाम होता है। हम मिलकर जिस समाज को रचते हैं, वह भी सभी लोगों के मूल्यों की ही उपज है। इस विभाग में ऐसे बहुत से उपाय व तरीके दिए गए हैं, जिनके माध्यम से अध्यापक स्कूल में मूल्यों के अन्वेषण के लिए एक दिन नियत कर सकते हैं। इन रचनात्मक व आनंददायक उपायों के माध्यम से मूल्यों के विषय में जानकारी की पड़ताल की जा सकती है तथा आलोचनात्मक विचार कौशलों का प्रयोग करते हुए निश्चित मूल्यों की परख की जा सकती है और साथ ही यह भी देखा जा सकता है कि इसका विपरीत समाज के सदस्यों पर कैसा प्रभाव डाल सकता है।

नियोजित श्रोता : इसमें 8 से 14 वर्ष के छात्र शामिल होंगे। अध्यापकों को छात्रों की आयु व रुचि के अनुसार ही परिचर्चा करनी होगी।

अवधि : अध्यापक चाहें तो प्रत्येक मूल्य की संक्षिप्त व्याख्या कर सकते हैं या वे दो सप्ताह तक अपने पाठ्यक्रम में शामिल कर सकते हैं।

---

1. डिआन टिलमैन द्वारा प्रस्तुत। वे एक शैक्षिक मनस्विद् तथा 'लिविंग वैल्यूज इन एजुकेशन' के लेखक हैं।

उद्देश्य

छात्रों के लिए—

1. विभिन्न मूल्यों तथा उनके प्रभावों के बारे में विचार करें।
2. सकारात्मक चुनाव करते हुए और अधिक समझ, प्रेरणा व उत्तरदायित्व का विकास करें।

विषय : इन पाठों की मदद से छात्र अपने आप से, दूसरों से, समाज से तथा संसार से संबद्ध मूल्यों की परीक्षा कर सकते हैं। ये मूल्य इस प्रकार व्यवस्थित किए गए हैं कि एक-दूसरे पर निर्भर कौशलों की श्रृंखला प्रस्तुत की जा सके।

इस अभ्यास में निम्नलिखित शामिल हैं—

- स्वाभिमान विकसित करने के कौशल
- सकारात्मक सामाजिक संप्रेषण कौशल
- रचनात्मक चिंतन कौशल
- कलात्मक व नाटकीय भाव।

कार्य-पद्धति

हर मूल्य का अन्वेषण आरंभ करते समय अध्यापक बच्चों से पूछ सकते हैं कि मूल्य का वह शब्द उनके लिए क्या मायने रखता है। फिर बच्चों के उत्तर कहीं लिख दिए जाएँ। इसके बाद शिक्षक या बच्चे लिविंग अवर वैल्यूज से अपने मनपसंद मूल्यों के बारे में जानकारी को सबके लिए पढ़कर सुना सकते हैं। दूसरे प्रसिद्ध कथनों से भी सामग्री ली जा सकती है। मूल्यों के अन्वेषण के लिए एक गतिविधि या कई गतिविधियों का मेल प्रयोग में लाया जा सकता है। छोटे दल या पूरी कक्षा मूल्य तथा इसकी विपरीत विशेषता के प्रभाव की चर्चा कर सकती है। इसके बाद नाटक, सहयोग देनेवाले खेल तथा उनके प्रदर्शन के कलात्मक भावों को शामिल किया जा सकता है। संभावित गतिविधियों के लिए निम्नलिखित उपाय दिए गए हैं। अध्यापक चाहें तो इन मूल्यों को नियमित पाठ्यक्रम का हिस्सा भी बना सकते हैं। इतिहास, समाज-शास्त्र तथा साहित्य की मदद से बड़ी आसानी से मूल्यों के विश्लेषण के साथ-साथतथ्यों व अवधारणाओं को भी सिखाया जा सकता है।

एक बड़ी गतिविधि के रूप में बुलेटिन बोर्ड पर बिना पत्तों का बड़ा सा पेड़ बनाया जाए, जिसमें तने के नीचे एक अंडाकार बीज दिख रहा हो। वह बीज इतना बड़ा बने कि उसमें कम-से-कम बारह मूल्यों के नाम लिखे जा सकें। इन्हें अलग-अलग रंगों से लिखना होगा। जब बच्चे मूल्यों पर काम करते जाएँ तो उस बीज में

उन मूल्यों को लिखते जाएँ। जब बच्चे हर मूल्य पर अपनी जानकारी ले चुके हों तो वे मूल्य के रंग से मेल खाते रंग के पत्तों के साथ उसके प्रभावों को भी लिख सकते हैं। आजादी हरे रंग की हो सकती है, बच्चे हरे पत्तों पर हर रंग के फल लगा सकते हैं। सम्मान के लिए नीले रंग का प्रयोग हो सकता है और इस तरह कुछ ही देर में पूरा पेड़ कई तरह के रंग-बिरंगे पत्तों से खिल जाएगा। इस तरह बच्चों के विचारों का सार प्रस्तुत होगा और यह एक समूह के लिए स्मृति व संदर्भ बिंदु का भी काम करेगा।

इस प्रक्रिया में शिक्षक की ओर से सकारात्मक, प्रेरणादायक, स्वीकृति-सूचक रवैया होना आवश्यक है। केवल ऐसे रवैए के कारण ही छात्र वास्तव में यह जानकारी बाँट सकेंगे कि वे किन मूल्यों में विश्वास रखते हैं और उच्च स्तरीय रचनात्मक चिंतन के प्रति सहज व मुक्त हो सकेंगे।

1. स्वतंत्रता

1.1 छात्रों का एक दल अपने देश या संसार के इतिहास का कोई अंश ले सकता है और उससे स्वतंत्रता से जुड़ी नाटिका तैयार की जा सकती है। (इसे इतिहास की पुस्तक से गुलामी प्रथा, आजादी व नागरिक अधिकारों के संदर्भ में भी ले सकते हैं।) इस नाटिका के बाद कक्षा में परिचर्चा की जा सकती है कि वे लोग कैसी आजादी चाहते थे।

निम्नलिखित प्रश्न पूछे जा सकते हैं—

- इनमें से अब हमारे पास कौन सी आजादी है?
- हमारे पास इसके अतिरिक्त और कौन सी आजादी है?
- आपके अनुसार, बाकी सभी लोगों के पास भी कौन सी आजादी होनी चाहिए?

1.2 बच्चों से कहें कि वे आजादी से जुड़ा अपना प्रिय कथन चुनें। उन्हें एक गोल दायरे में बिठाएँ और हर बच्चा जोरदार शब्दों में अपनी मनपसंद पंक्ति पढ़कर सुनाए।

पूछें—यह कैसा अनुभव होता है?

उनसे कहें कि वे इस वाक्य के साथ अपना कथन मिलाकर बोलें, 'मैं सौभाग्यशाली हूँ कि मुझे¨ करने की आजादी मिली। इसके साथ ही वे अपना प्रिय वाक्य भी बोल सकते हैं।

या वे वाक्य को पूरा करने के लिए कह सकते हैं, 'काश, सभी लोगों के पास

...करने की आजादी होती।'

1.3 सभी बच्चों से कहें कि वे आंतरिक आजादी पर कोई कहानी लिखें।

1.4 बच्चों से कहें कि वे आजादी के नाम पर कुछ बनाएँ, लिखें या कोई गतिविधि करें।

2. शांति

2.1 छात्रों को मानसिक चित्रण का अभ्यास करवाएँ। उनसे कहें कि वे एक शांतिपूर्ण संसार का मानसिक चित्रण करें। उनसे कहें—

आप अपने काल्पनिक विमान में भविष्य की ओर जा रहे हैं; एक ऐसे संसार में, जो पूरी तरह से शांतिपूर्ण है। यह कैसा दिखाई देता है?

- *कल्पना करें कि अगर आप विमान से पैर बाहर निकालते हैं तो प्रकृति कैसी दिखती है? हवा कैसी है? घर कैसे दिखते हैं?*

झील के आसपास सैर करते हुए कल्पना करें कि उस स्थान पर कितनी शांति है। आपको कैसा अच्छा लग रहा है...।

जब आप लोगों के एक समूह के पास से निकलते हैं तो उनके चेहरे के भाव देखें और देखें कि वे एक-दूसरे से क्या संबंध रखते हैं?

बच्चों से कहें कि वे अपने मानसिक चित्रण तथा प्रकृति, स्व एवं संबंधों से जुड़े तत्त्वों के बारे में बताएँ।

2.2 छात्रों के छोटे समूहों से कहें कि वे एक शांतिपूर्ण संसार का विशाल चित्र तैयार करें।

2.3 यदि कक्षा को एक टाइम कैप्सूल बनाना हो, ताकि आनेवाली पीढ़ियाँ समाज के बारे में जान सकें, जैसा कि मानसिक चित्रण की कक्षा में अभ्यास किया गया था, तो वे कक्षा शांतिपूर्ण जगत् की कौन सी दस बातें बताना चाहेगी?

2.4 छात्रों से कहें कि वे अपने सबसे शांतिपूर्ण क्षणों के बारे में एक लघुकथा लिखें। 'मैंने बहुत ही शांतिदायक अनुभव किया, जब...'

3. सम्मान

3.1 सम्मान तथा असम्मान के भावों का अन्वेषण करने के लिए आधी कक्षा को हरे और आधी कक्षा को बैगनी बाजूबंद दिए जाएँ; मानो एक सरकार ने ऐलान कर दिया है कि जिन लोगों ने हरे बाजूबंद पहने होंगे, उन्हें संभ्रांत माना जाएगा। सरकार लक्ष्य करती है कि हरे बैंडवाले लोग बैगनी बैंडवालों के लिए असम्मान या

अनादर का भाव रखते हैं। कुछ समय के लिए (अध्यापक की इच्छानुसार) यह तय किया जाता है कि हरे बैंडवाले केवल हरे बैंडवालों से ही सम्मान-युक्त रूप से पेश आएँगे और बैगनी बैंडवालों के लिए अनादर का भाव दरशाएँगे। इसके बाद उनकी भूमिकाएँ बदल दें। (अब सत्ता बैगनी बैंड पहननेवालों के हाथों में है।) इसके बाद कक्षा में परिचर्चा हो कि छात्रों ने बदली हुई भूमिकाओं के साथ कैसा अनुभव किया?

उन्होंने संभ्रांत बनने के साथ कैसा अनुभव किया?

असंभ्रांत बनने पर उन्हें कैसा अनुभव हुआ?

क्या वे ऐसा संसार चाहेंगे, जिसमें सब परस्पर सम्मान व आदर का भाव रखते हों?

वह संसार सबसे अलग कैसा होगा?

इसके बाद अगले दिन कक्षा में इंद्रधनुष रंग के बाजूबंद सभी छात्रों को दिए जाएँ। अब वे सभी अलग राज्यों से आए राजकुमार व राजकुमारियाँ हैं! उनसे कहकर कि उन्हें अपने नजरिए, बातचीत और हाव-भाव के साथ इसी सोच को ध्यान में रखते हुए सबको इज्जत देनी होगी, उनकी भावनाओं तथा बोध के बारे में बात करें। अगले दिन उन्हें अलग-अलग तरह के बैंड पहनने को दें। उन्हें बताएँ कि नीले रंग का अर्थ होगा कि उनके पास सबसे अच्छी शिक्षा है, हरे रंग का मतलब होगा कि वे मेहनती हैं, बैंगनी रंग का अर्थ होगा कि वे हास्यप्रिय हैं आदि। हर गतिविधि के बाद परिचर्चा का आरंभ करें। इस समूह में सबसे सामान्य बात क्या रही? ये सभी मनुष्य हैं तथा इन सबके पास दूसरों को देने के लिए कुछ-न-कुछ है।

3.2 एक बहुत ही सुंदर गतिविधि आयोजित की जाएगी, जिसमें छात्र अपनी ही योग्यताओं का अन्वेषण कर सकेंगे। इस गतिविधि से पहले हो सकता है कि अध्यापक उनसे निजी विशेषताओं के बारे में खुलकर बात करें, जैसे—दोस्ती, वफादारी, मधुरता, दयालुता व करुणा आदि। इसके बाद हर छात्र से कहें कि वह कागज पर अपना नाम लिखे। जब वह कागज दूसरे बच्चे के पास जाए तो वह उस पर लिखे नाम को देखते हुए उस बच्चे की कोई खूबी उस पर अंकित कर दे। हर बच्चे का कागज प्रत्येक बच्चे के हाथों से होकर गुजरेगा और इस तरह वह अपने मालिक तक वापस आ जाएगा।

4. प्रेम

4.1 इस खेल में उन शब्दों को शामिल करें, जिनमें 'हार्ट' शब्द आ रहा हो; जैसे—हार्ड हार्टड, सॉफ्रट हार्टड, स्माल, मीन तथा हॉफ हार्टड आदि। छात्रों से कहें

कि वे हर एक पेज पर एक अलग तरह के हार्ट यानी दिल की तसवीर बनाएँ और यह भी लिखें कि वह दिल क्या कहना चाहता है। संभवत: वे अंत में लिख सकते हैं—'जब मेरा हृदय प्रेम से परिपूर्ण होता है तो मैं···।'

4.2 कक्षा से यह कल्पना करने को कहें कि अगर संसार में सभी स्नेही होंगे तो यह संसार कैसा होगा? कुछ मिनट के लिए उन्हें यह मानसिक चित्रण करने को कहें कि उस समय राष्ट्र कैसे होंगे? कहें—

यह देखें कि हर देश के नेता आपस में कैसे पेश आएँगे। यह देखें कि मित्र खेल रहे हैं, परिवार पिकनिक मना रहा है, परिवार के लोग एक-दूसरे से कैसे पेश आ रहे हैं। जरा सोचें कि आप अपने भीतर से कैसा अनुभव करेंगे।

उन्हें इस मानसिक चित्रण से ले जाने के बाद अपने विचार साझा करने को कहें। हो सकता है कि सारी कक्षा के छात्रों से एक साथ यह बात की जाए या उनके छोटे समूह बना दिए जाएँ। वे समूह बाद में पूरी कक्षा के आगे अपनी रिपोर्ट पेश कर सकते हैं।

परिचर्चा का एक और प्रश्न होगा—'ऐसा क्या है, जिसका अस्तित्व नहीं होगा?'

4.3 छात्रों के छोटे समूह बनाएँ और उनसे कहें कि वे अपनी स्केच बुक में अपने स्कूल या पड़ोस में हुए किसी संघर्ष का चित्र बनाएँ। उनसे कहें कि वे उसमें 'फ्रीज और रिप्ले' वाला तत्त्व भी डालें। उनके स्केच के नायक कलह से पहले वाले कर्मों व शब्दों की ओर वापस आएँगे और अपने स्नेही रवैए से होनेवाले कलह को टाल देंगे। इस तरह उस घटना का परिणाम ही बदल जाएगा।

5. प्रसन्नता

5.1 छात्रों से कहें कि वे ऐसी वस्तुओं की सूची बनाएँ, जिन कामों को करने से उन्हें प्रसन्नता मिलती हो। छोटी कक्षाओं में बच्चों से पूछा जा सकता है—

1. आप अकेले कैसे काम करना पसंद करते हैं, जिनसे आपको प्रसन्नता अनुभव होती है?
2. आप दूसरों के साथ कैसे काम कर सकते हैं?
3. क्या किसी ने लिखा कि उन्होंने दूसरों की मदद कैसे की?

5.2 छात्रों से कहें कि वे उन बातों की सूची तैयार करें, जिनमें दूसरे कहते हैं कि उन्हें आंतरिक प्रसन्नता मिलती है। दूसरों में माता-पिता, अध्यापक व मित्रों आदि को शामिल कर सकते हैं।

5.3 बच्चों से कहें कि वे उन बातों की सूची तैयार करें, जिनके माध्यम से वे

अपनी प्रसन्नता को प्रकट कर सकते हैं—

- जब वे किसी परियोजना पर काम कर रहे हों।
- जब वे अकेले काम कर रहे हों।
- जब वे दूसरों के सहयोग में काम कर रहे हों।
- कुछ ऐसा करने का प्रयास कर रहे हों, जो निराशाजनक हो।

कक्षा आंतरिक संवाद के माध्यम से यह भी परिचर्चा कर सकती है कि हम स्वयं को उत्साहित या प्रोत्साहित कैसे कर सकते हैं? वे चाहें तो दल में अपने मन की बात को साझा कर सकते हैं। जब वे किसी दूसरी परियोजना पर काम कर रहे हों तो उनसे उनके पिछले आंतरिक संवाद के बारे में भी पूछा जा सकता है।

5.4 प्रसन्नता का चित्र अंकित करें।

5.5 कोई ऐसा खेल खेलें, जो सबको पसंद हो।

6. ईमानदारी

6.1 छात्रों के दो दल हों। एक दल नाटक में ईमानदारी को दरशाए और दूसरा बेईमानी के विषय पर काम करे। वे दोनों एक ही पृष्ठभूमि को प्रयोग में ला सकते हैं; जैसे—स्टॉक ब्रोकर का कार्यालय, किसी मध्य युगीन सामंत का कक्ष, संसार का वर्तमान संघर्ष या किसी सामाजिक अध्ययन की इकाई से लिया गया विषय। इसके बाद कक्षा सामाजिक व आर्थिक प्रभावों पर चर्चा कर सकती है। पात्र यह भी बता सकते हैं कि उन्होंने व्यक्तिगत रूप से क्या अनुभव किया।

6.2 कक्षा से कहें कि एक वास्तविक या काल्पनिक स्थिति को ध्यान में रखते हुए लघुकथा लिखें, जिसमें किसी व्यक्ति ने झूठ बोला हो। यह देखें कि एक झूठ को छिपाने बनाम सच बोलने के एक मिनट के साहस में कितनी ऊर्जा का निवेश होता है।

7. विनय

7.1 अध्यापक व छात्र अपना मनपसंद पात्र चुन सकते हैं, जिसके पास आत्मसम्मान तथा विनय का संतुलन हो। वे कोई प्रसिद्ध ऐतिहासिक हस्ती, वैज्ञानिक, नायक या सुपर हीरो या हीरोइन हो सकते हैं; जैसे—बैटमैन, सुपरमैन, वंडरवूमन आदि। उनसे कहें कि अगर उनके प्रिय पात्र से पूछा जाता कि उनके जीवन में सबसे गर्व के क्षण कौन से रहे, तो वे क्या उत्तर देते। दो-दो के जोड़ों में यह सवाल-जवाब पूछा जाए और उनमें से एक व्यक्ति प्रिय पात्र बनते हुए आत्मसम्मान तथा विनय के

उत्तर में अपने विचार रखे। संभवत: दो छात्र भी पूरी कक्षा के लिए इसका प्रदर्शन कर सकते हैं। हो सकता है कि वे इसमें अपनी ओर से कुछ और कल्पना को भी शामिल करना चाहें। छात्र अपनी प्रतिक्रियाएँ भी आपस में साझा कर सकते हैं।

7.2 छात्रों से कहें कि वे घर या स्कूल में कोई नेक काम करें; परंतु उनके मन में प्रशंसा पाने का भाव न हो। बाद में उनसे पूछें कि क्या ऐसा करना सरल रहा या कठिन?

7.3 छात्रों से पूछें कि वे किन दो बातों पर गर्व अनुभव करते हैं। उनसे कहें कि वे चार बच्चों के दल में अपने विचार साझा करें। एक बच्चा अपनी बात कहेगा, बाकी तीन श्रोता होंगे। वे आत्मसम्मान तथा विनय के संतुलन का अभ्यास करते हुए अपनी ओर से सकारात्मक वाक्य भी कहेंगे, जैसे—'हाँ, यह तो तुमने बहुत अद्‌भुत किया।' उनसे अंत में पूछें कि क्या उनके लिए ऐसा करना सरल रहा?

8. उत्तरदायित्व

8.1 कक्षा में उत्तरदायित्व का पाठ पढ़ाने के लिए यह खेल खेलें। ट्रस्ट वॉक के दौरान आधी कक्षा की आँखों पर पट्‌टी होगी और आधी कक्षा उन बच्चों की साथी बनेगी। हर पट्‌टी बँधे बच्चे के साथ एक बच्चा होगा, जो उसे मार्गदर्शन देगा, ऊबड़-खाबड़ रास्ते के लिए चेतावनी देगा और उसे सहज अनुभव करने में मदद करेगा। वे सभी इस तरह बारी-बारी से चलेंगे। फिर ये भूमिकाएँ बदल दी जाएँगी। इसके बाद उनसे हर भूमिका की भावनाओं के बारे में बात करें। यदि आपका साथी जिम्मेदार न होता तो आप क्या अनुभव करते?

8.2 छात्रों के साथ निम्नलिखित प्रश्नों पर चर्चा करें—

- मेरी अपने प्रति क्या जिम्मेदारियाँ हैं?
- एक छात्र के रूप में मेरी क्या जिम्मेदारियाँ हैं? मैं इन जिम्मेदारियों को पूरा करके कैसा अनुभव करता हूँ। बड़े बच्चों के साथ चर्चा का विषय यह भी हो सकता है। (जब मैं अपनी जिम्मेदारी पूरी नहीं करता तो कैसा अनुभव करता हूँ या उसके क्या परिणाम होते हैं?)
- मेरे माता/पिता के लिए मेरी क्या जिम्मेदारी है?
- जब लोग अपनी जिम्मेदारी पूरी नहीं करते तो मैं कैसा अनुभव करता हूँ?
- एक व्यक्ति के रूप में समाज या दूसरे व्यक्ति के प्रति मेरा क्या उत्तरदायित्व है ?
- मैं हर किसी को किसके प्रति जिम्मेदार बनाना चाहता हूँ?

छात्रों के छोटे समूह बनाए जा सकते हैं। वे परिचर्चा के बाद विशाल समूह को अपनी रिपोर्ट पेश करें। बड़े बच्चों को परिचर्चा के लिए अधिक समय दिया जा सकता है। इसके लिए कुछ दिन तक प्रतिदिन 15–20 मिनट का समय पर्याप्त होगा।

9. सादगी

9.1 सादगी बनाम तड़क–भड़क को स्पष्ट करने के लिए कला, ऐतिहासिक तसवीरों या पत्रिकाओं आदि से उदाहरण लें। एक कोलाज तैयार करें।

9.2 अपने देश के ग्रामीण लोगों की सादगी को देखें। उदाहरण के लिए, नेटिव अमेरिकन भारतीय कबीले, भारत के आदिवासी या ऑस्ट्रेलिया के आदिवासी समूह आदि। वे सादगी से रहने के साथ–साथ प्राकृतिक संसाधनों का भी किफायत से प्रयोग करते हैं।

9.3 किसी बाग, पार्क या समुद्र के किनारे जाएँ। वहाँ सादी वस्तुएँ देखें—पत्ते पर पड़ती रोशनी, पेड़, छोटा फूल, पक्षी या प्रकृति का कोई रूप। उन्हें एक निरीक्षक की तरह अनासक्त भाव से देखें। आपके मन में कोई इच्छा नहीं होनी चाहिए।

9.4 सादगी का चित्रण करें।

9.5 आप कक्षा में किन उपायों से संरक्षण कर सकते हैं?

10. सहनशीलता या धैर्य

10.1 बच्चों से पूछें कि वे कक्षा या समाज में धैर्य के अभाव को कैसा अनुभव करते हैं। क्या कुछ लोग दूसरों की तुलना में धैर्यवान् होते हैं? अगर कोई प्रसिद्ध हो तो लोग उसे अधिक सहन करते हैं? हम अपने आपसे ऐसी क्या बातें कह सकते हैं, ताकि हम दूसरों के प्रति और अधिक सहनशील रवैया अपना सकें?

10.2 बच्चों से साहित्य, सामाजिक अध्ययन या इतिहास की कक्षा में पूछें कि उन्हें कौन सा पात्र अलग दिखता है। इस समझ को विकसित करने के लिए उन्हें एक लघुकथा लिखने को कहें, मानो वे स्वयं वही व्यक्ति हों और अपने कर्मों के पीछे छिपे विश्वासों व तर्कों को देने की कोशिश कर रहे हों।

10.3 बच्चों के ऐसे जोड़े बनाएँ, जो प्रायः एक साथ न रहते हों। वे एक दूसरे का साक्षात्कार लें। हर छात्र बारी–बारी से अपने साथी को अपने बारे में सबकुछ बताए और प्रश्नों के उत्तर दे।

10.4 छात्रों से कहें कि वे सुनी हुई बुरी बातों या दुराग्रहों को आपस में साझा करें और उन्हें झट से पोस्टर बोर्ड पर या कहीं और लिख दें। इसके बाद उनसे कहें

कि उनके बारे में अच्छे वाक्य कौन से कहे जा सकते हैं। ऐसे वाक्य, जो कहीं अधिक सहनशील रवैए को दरशाते हों, परंतु उनमें अपनी बात पर अडिग रहने का भाव भी हो। जैसे— *हाँ, यदि हम सभी क्लोन होते तो संभवत: यह एक महान् जगत् न बन पाता।' 'अगर तुम उसके स्थान पर होतीं तो क्या करतीं?' कुछ छात्रों से कहें कि वे इन प्रत्युत्तरों के लिए मॉडल बनें, उनकी सराहना करें।*

11. सहयोग

11.1 पाँच बच्चों के प्रत्येक समूह को एक मीटर की छड़ दें। उन्हें कहें कि वे मैदान की लंबाई-चौड़ाई को मापें और पूरी टीम से उसकी मदद लें। उन्हें जल्दी-से-जल्दी और सटीक माप लानी है। उन्हें पाँच मिनट का समय दें, ताकि वे आपस में इसके लिए कोई तकनीक चुन सकें। इसके बाद कक्षा आपस में बात कर सकती है कि उन्हें किन बातों से मदद मिली या किन बातों के कारण टीम के काम में बाधा आई।

11.2 उनके बीच सच्चे सहयोग या स्नेह के साथ दिए गए सहयोग के बारे में चर्चा करें। हो सकता है कि कोई दल ऐसा चित्र भी अंकित करना चाहे, जिसमें सच्चे सहयोग बनाम दिखावे के सहयोग को अंकित किया गया हो।

11.3 किसी ऐसी परियोजना में सच्चे सहयोग के नियमों को लागू करें, जिसे करने में कक्षा को आनंद आए।

11.4 कक्षा को तीन दलों में बाँटें और उनसे कहें कि वे नृत्य के माध्यम से सहयोग की भावना का प्रदर्शन करें। वे अपनी पसंद का संगीत चुन सकते हैं।

12. एकता

12.1 जानवरों और उनकी एकता के बारे में जानने का आनंद लें; जैसे डॉलफिन और हाथी। (जब भी कोई खतरा आता है तो बड़े जानवर बच्चों को घेरे के भीतर ले लेते हैं।) उनकी एकता की कहानियाँ तलाशें और सुनाएँ, जैसे—ईसप की कथाओं में शेर और बैलों की कहानी आती है।

12.2 एक साथ मिलकर किसी ऐसी परियोजना की हामी भरें, जिसमें सबको एक साथ आगे आने का अवसर मिल सके।

12.3 स्कूल के अगले अंतरराष्ट्रीय दिवस या शांति दिवस के लिए एकता पर आधारित संगीत तैयार करें।

□

राजयोग ध्यान के लाभ

राजयोग ध्यान के लाभ

राजनेता, वैज्ञानिक तथा अन्य उच्च स्तरीय अधिकारी इस शोषित संसार को बदलने में अक्षम रहे हैं। यदि हमने अपने तौर-तरीके नहीं बदले तो वे हमें केवल आसन्न संकट और विनाश के लिए चेतावनी दे सकते हैं। वे हमें प्रेरित कर सकते हैं, परंतु हमें हमारे कार्बन फुटप्रिंट को घटाने तथा प्राकृतिक संसाधनों के विवेकपूर्ण उपयोग के लिए राजी नहीं कर सकते। हम तभी बदलेंगे, जब हम बदलना चाहेंगे या हमें प्राकृतिक आपदाएँ बदलाव लाने के लिए विवश कर देंगी।

भारत में बंदरों को पकड़ने के लिए एक विधि अपनाई जाती है। वे एक तंग मुँहवाले जार में खाने की वस्तु डाल देते हैं। बंदर उसमें हाथ डालकर खाने की वस्तु तो मुट्ठी में भर लेता है, परंतु जब वह मुट्ठी बाहर निकालने का प्रयत्न करता है तो उसे बाहर नहीं निकाल पाता। वह अपना हाथ तभी बाहर निकाल सकता है, जब अपने खाने की वस्तु को वहीं छोड़ दे; परंतु वह ऐसा भी नहीं करना चाहता। वह पकड़ा जाता है, क्योंकि वह खाने का लोभ नहीं त्याग पाता।

मनुष्यों के रूप में हम अपने वर्तमान विनाशक ढाँचों में केवल तभी बदलाव लाते हैं, जब—

- हम अपने प्रेम, शांति, सुरक्षा व प्रसन्नता की माँग को पूरा करने के लिए कुछ बेहतर पा लेते हैं।
- हम अपने साथ एकात्म अनुभव करते हैं और दूसरे मनुष्यों को उनकी जाति, रंग व नस्ल तथा धर्म व राष्ट्रीयता आदि से परे जाकर अपने प्रतिस्पर्धियों या शत्रुओं के रूप में देखने के बजाय अपने भाई व बहनों के रूप में देख पाते हैं।

- हम प्रकृति के लिए गहन प्रेम विकसित कर लेते हैं और सभी पशु-पक्षियों के लिए उसी तरह जीवन के अधिकार को मान्यता प्रदान करते हैं, जैसे कि हमें यह अधिकार दिया गया है।

असंभव को संभव बनाया जा सकता है, परंतु कैसे?

संपूर्ण अहिंसा ही एकमात्र साधन है और हम इसे ध्यान के माध्यम से पा सकते हैं। निश्चित रूप से ब्रह्माकुमारियों द्वारा सिखाया गया राजयोग ध्यान सहायक हो सकता है।

राजयोग ध्यान–

- अपने व अपनी आंतरिक विशेषताओं पर मनन के लिए सजगतापूर्वक समय निकालना
- अपने आपको पूरी संभावना व क्षमता के साथ देखना—अच्छाई से भरपूर और साथ ही यह सीखने को उत्सुक कि मैं किस प्रकार अपने व दूसरों के लिए कल्याणकारी सिद्ध हो सकता हूँ?
- स्वयं को सभी अच्छाइयों के स्रोत—शांति, विशुद्ध प्रेम, विवेक तथा परमानंद, सर्वोच्च सत्ता के स्पंदनों से एकात्म करना। मैं अपने हृदय को उन्मुक्त करते हुए इन उच्चतर स्पंदनों को प्राप्त कर सकता हूँ और उन्हें पूरे संसार में बाँट सकता हूँ।
- एक सुंदर जगत् की परिकल्पना करना, भले ही यह वर्तमान परिस्थितियों में असंभव जान पड़े। सुंदरता, शांति व प्रेम का यह नजरिया मुझे इस योग्य बनाता है कि मैं इन्हें वास्तविकता में लाने के लिए प्रयास कर सकूँ।
- यह जानना कि सतह के नीचे हम सभी आध्यात्मिक जीव हैं। एक ही परिवार से संबंध रखते हैं और आपस में भाई-बहन हैं।
- यह अनुभव करना कि शांति व अहिंसा हमारी मूल तथा प्राकृतिक अवस्था है और जब तक हम उस अवस्था में पुनः नहीं आते, तब तक कभी प्रसन्न नहीं हो सकते।
- यह हमेशा स्मरण रखें, 'ओम शांति!' मैं एक शांतिपूर्ण आत्मा हूँ।

ध्यान का अभ्यास : एक मनन

किसी शांत व एकांत स्थान पर बैठ जाएँ, गहरी श्वास लें और इन पंक्तियों

को सहज भाव से धीमे सुर में पढ़ें—

मैं अपने आसपास एक घेरा बनाता हूँ। मैं घेरे के बाहर उन सभी पक्षों को रखता हूँ, जिन्होंने मेरा जीवन बनाया है—नौकरी, कॅरियर, परिवार व मित्र, घर, कार, प्रतिदिन की गतिविधियाँ व रुचियाँ। मैं उन्हें उसी रूप में रहने देता हूँ, जैसी वे हैं। प्राय: मैं बाहरी आयामों की विचार-प्रक्रिया के संपर्क में रहता हूँ और अपने भीतर छिपे सौंदर्य से अनभिज्ञ रह जाता हूँ।

मैं अपना ध्यान घेरे के भीतर केंद्रित करता हूँ, जो मेरे आंतरिक जगत् का प्रतिनिधित्व करता है। यह मेरे विचारों, भावनाओं, रवैयों, विश्वासों तथा बोधों का जगत् है। मैं अपने विचारों तथा उनके बीच छिपे अंतरालों को देखने लगता हूँ और लक्ष्य करता हूँ कि वे किस तरह प्राकृतिक रूप से धीमे हो रहे हैं। मैं सजग भाव से विचारों के अंतराल को विस्तृत होने देता हूँ और अपने मन को उसमें विलीन कर देता हूँ। इस अंतराल में एक स्वाभाविक स्थिरता व शांति छिपी है। इसी स्थान में सजग भाव से रहते हुए मैं एक शक्तिशाली विचार प्रेषित करता हूँ—'मैं एक शांत जीव हूँ।' मैं अपने आपको शांति व सहजता के गहन भावों में विलीन होने की अनुमति देता हूँ। मैं सही मायनों में अनुभव करने लगता हूँ कि मैं कौन हूँ—एक प्रकाशमय अस्तित्व, जो अच्छी तरह से जानता है कि मेरे बाहर और भीतर क्या घटित हो रहा है; प्रकाश ऊर्जा का एक सूक्ष्म बिंदु— यही वह जीवनी शक्ति है, जो भौतिक आकार लेती है, परंतु फिर भी इससे विलग है।

स्व की इस विशुद्ध चेतना में स्थिर मैं सरलता व स्वाभाविकता के साथ उस सर्वोच्च सत्ता के साथ संपर्क साध सकता हूँ, जो मेरी ही तरह प्रकाश का असीम स्रोत है तथा शाश्वत रूप से शांति, परमानंद व प्रेम से लबालब छलकता है। मैं इन स्नेही स्पंदनों का आनंद लेता हूँ और फिर अनुभव करता हूँ कि मैं संपूर्ण मौन व शांति के आयाम में घिरा चला जा रहा हूँ।

मैं एक गहरे अपनेपन का अनुभव करता हूँ, मानो कोई बालक बहुत समय से खोए हुए माता-पिता से भेंट कर रहा हो। मैं स्वयं को सुरक्षित, सलामत, स्वीकृत और स्नेह से सिंचित पाता हूँ। मानो समय स्थिर हो गया हो और केवल यही महत्त्वपूर्ण कार्य शेष है कि मैं जितना प्रेम व शक्ति एकत्र कर सकता हूँ, उसे एकत्र कर लूँ।

बाहरी दुनिया के सभी जालों व प्रलोभनों से मुक्त मैं हर चीज को एक नए नजरिए से देखता हूँ— मेरी नजर में प्रशंसा, किंतु अनासक्ति का भाव है। अब मैं किसी भी नकारात्मकता के अधीन नहीं रहा। मैं शांत, स्थिर, मुक्त, शक्तिशाली

तथा स्नेह से भरपूर हूँ।

जब मैं अपनी चेतना को भौतिक आयाम में वापस लाता हूँ तो प्रतिदिन की माँगों को बड़ी सरलता से पूरा करने के योग्य हो जाता हूँ; क्योंकि मैं इस संसार में अपनी भूमिका बिना किसी बाधा के पूरा कर पा रहा हूँ। मैं मुक्त भाव से अपनी आंतरिक विशेषताओं व खूबियों को प्रकट करता हूँ और अच्छी तरह जानता हूँ कि केवल अपने सच्चे स्व की सजगता व अनुभव के बीच रहने से ही मैं अपने आसपास के परिवेश तथा लोगों पर गहन तथा सकारात्मक प्रभाव डाल सकता हूँ।

अपने आंतरिक सौंदर्य व सत्य से संपर्क साधने के बाद मैं जानता हूँ कि अपने चुने गए किसी भी समय पर सबकुछ त्याग सकता हूँ, क्योंकि यह हमेशा से मेरे भीतर है और हमेशा मेरे साथ रहेगा।

मेरे जीवन का उद्देश्य पूरी तरह से स्पष्ट है। मुझे कुछ पाना या खोजना नहीं, बल्कि संपर्क साधना तथा देना है।

सुबह-शाम दस मिनट इसी ध्यान के साथ बिताएँ; आप अपने जीवन में एक भारी बदलाव पाएँगे।

यदि आप राजयोग ध्यान के बारे में अधिक जानकारी चाहते हैं तो अपने निकटतम ब्रह्माकुमारी केंद्र से संपर्क करें। अधिक जानकारी के लिए परिशिष्ट 4 देखें या निम्न पते पर संपर्क करें।

www.learntomeditateonline.org

□

संसार को बदलने के दस उपाय

मानवता के पिछले कर्मों के परिणामवश ही हम संसार की वर्तमान निराशाजनक अवस्था देख रहे हैं। हम चुनौतियों के प्रति जो तकनीकी व राजनीतिक समाधान निकाल रहे हैं, वे पर्याप्त नहीं हैं।

हमें पूरे संसार के लोगों के दिल व दिमाग में भारी बदलाव लाना होगा; उन्हें यह बोध देना होगा कि यह संसार तभी बदल सकता है, जब हम स्वयं अपने आपसे, दूसरों से तथा प्रकृति से अपने संबंध में बदलाव लाएँगे।

अपनी चेतना में बदलाव लाते हुए तथा अपनी अंतरात्मा से साक्षात्कार करते हुए हम सहज व स्वाभाविक रूप से निरंतर इस संसार को एक स्वच्छ, स्वस्थ, सुरक्षित तथा पहले से कहीं अधिक सुंदर स्थान बना सकेंगे, जिसमें मनुष्य तथा दूसरे जीव परस्पर शांति व सामंजस्य के बीच जीवन-यापन कर सकेंगे।

यहाँ वे दस शक्तिशाली उपाय दिए जा रहे हैं, जिनके माध्यम से आप संसार को बदलने में मदद कर सकते हैं—

सादगी के साथ जिएँ

जब हम पूरी बुद्धिमत्ता और सावधानी के साथ अपनी इच्छाओं के स्थान पर जरूरतों के आधार पर अपने मानसिक, भावात्मक व भौतिक संसाधनों का प्रयोग करते हैं तो हम पृथ्वी के संरक्षकों के रूप में अपने उत्तरदायित्व को पूरा करने में सफल हो पाते हैं।

असीम बनें

जब हम अपने आध्यात्मिक सार को सबसे जोड़ते हुए लिंग, जाति, संस्कृति

व भेदभाव से परे हो जाते हैं तो हम स्वयं को वैश्विक परिवार का एक हिस्सा मानने लगते हैं और उसके अनुसार ही कार्य करते हैं।

उदार हृदय बनें

करुणा, क्षमा तथा अपने व दूसरों के प्रति निस्स्वार्थ प्रेम का अभ्यास करें, ताकि इस संसार को आरोग्य प्रदान करने में मदद मिल सके।

अपने मन को रखें साफ

यदि आप संसार में रूपांतरण लाना चाहते हैं तो अपने मन के व्यर्थ व नकारात्मक चिंतन पर रोक लगाते हुए मन की शक्ति का सकारात्मक रूप से प्रयोग करना होगा।

जीवन के प्रति सम्मान का भाव

जब हम अपने ही असाधारण रूप, विस्मय तथा सुंदरता को जान लेते हैं तो अपने आपसे, पशुओं व प्रकृति से पूरी देख-रेख के साथ पेश आना सीख जाते हैं।

कथनी और करनी में समानता

जब हम अपनी अंतरात्मा के प्रति सच्चे रहते हुए अपनी अंतरात्मा का अनुकरण करते हैं तो दूसरों के प्रतिरोध के बावजूद हमारे कर्मों से अनेक व्यक्तियों को लाभ होता है।

स्वयं को सशक्त बनाएँ

जब हमें यह एहसास हो जाता है कि हम स्वयं अपने संसार के रचयिता हैं और हमारे पास यह चुनाव हमेशा होता है कि हम जीवन की चुनौतियों का सामना कैसे करेंगे तो हमारे भीतर आजादी व उत्तरदायित्व का एक भाव विकसित होता है, जो हमें कुछ नया कर दिखाने का साहस तथा विश्वास प्रदान करता है।

अच्छी तरह खाएँ

प्यार से पका विशुद्ध शाकाहारी भोजन हमारे पूरे अस्तित्व को पोषण प्रदान करता है और हमारे ग्रह के स्वास्थ्य के लिए भी अपना योगदान देता है।

अपने सपनों का करें पीछा

भविष्य के लिए आपकी परिकल्पना या दर्शन जितना सकारात्मक, शक्तिशाली व विस्तृत होगा, उसे पाना उतना ही आसान होगा।

अपनी आत्मा को दें पोषण

ध्यान व मनन में समय व्यतीत करने से हमें आंतरिक शांति प्राप्त होती है और हम जीवन को कहीं अधिक सकारात्मक व शांतिपूर्ण तरीके से जीने का विवेक हासिल कर पाते हैं।

□□□